建設プロジェクト運営方式協議会（CPDS）──編　志手一哉・小菅 健──著

現代の建築プロジェクト・マネジメント

複雑化する
課題を
読み解く

MANAGING
CONTEMPORARY
CONSTRUCTION
PROJECTS

彰 国 社

装丁＋フォーマットデザイン───刈谷悠三＋角田奈央／neucitora

本書は2022年6月に得られた情報にもとづいて編集している
ため、本書に登場する法規、規格、各種制度などの情報は、今
後変更される可能性があります。常に新しい情報を確認するこ
とを推奨します。

建設業の生産性

　日本建設業連合会が毎年発行している『建設業ハンドブック』に掲載されている実質粗付加価値額を用いた付加価値労働生産性を見ると、建設業に対する製造業の比は、2000年に約1.3倍であったものが、2019年には約2倍に広がっている。製造業が20年間で約1.5倍に上昇したのに対し、建設業は20年前と変わっていない。建設業の付加価値労働生産性が低い理由として、現地施工の単品受注生産であることを挙げることが多い。この20年間に物価や賃金がさほど上昇していないことを鑑みれば、建設業は製造業と比較して、この間に急速に進化した情報化や機械化による省人化が進まなかったと解釈できる。

　他産業と比較した建設業の生産性が低いことは世界で共通した課題のようである。米国でも、建設業の情報化や工業化を推進するための資料のなかで、製造業と建設業の生産性の比較を目にすることが多い。英国でも建設業の生産性の上昇は長年の課題であり、PFI (Private Finance Initiative) やパートナリングなど、ステークホルダーのコラボレーションを具現化する施策の模索を続けてきた。近年は、両国ともに、デザインビルド、BIM (Building Information Modeling)、プレファブリケーション、建設技能労働者育成などへの取り組みが積極的に進められている。

　他国では、建設にかかわる主体者間のけん制や建設作業に従事する労働者の熟練不足が生産性を低下させる一因とされる。それに対して日本の建設業は、擦り合わせ型を信条とした施工図や製作図のつくり込み、職長の能力の高さに支えられた現場の最前線のマネジメントで品質や工期の問題にうまく対処してきた。このような日本の建設業の商習慣は、海外の建設業が目指す姿と重なる部分もあった。その優位性の源泉が20年前から進化していなければ、いずれは他国の後塵を拝することになる。ならば、日本の建築産業におけるプロジェクトマネジメントの現状を整理しようと思い立ったのが本書をまとめた動機である。

建設と建築

　「建設」とは、新たにつくることを意味する言葉であり、戦後に創出された比較的新しい概念である。1946年に業界で先駆けて「建設」の語を社名に冠した大成建設は、「土木・建築の両方を同時に表す新語として英語のconstructionから訳出」したそうである（同社ウェブサイトより）。1948年には行政機関でも建設院（後の建設省、現国土交通省）が設置され、民間企業でも建設を名乗る会社が増加し、「建設」という言葉は一般化した。現在、「建設プロジェクト」といえば、建築、土木、プラントなど、あらゆる構造物の建設を目的とした業務のことを指す。

　このように「建設」と一括にされる建築と土木だが、その性格はかなり異なっている。国土交通省が毎年公表している「建設投資見通し」の名目値で2021年度の状況を確認すると、建築が61.2%に対して土木は38.8%、各々の公共比率は建築が16%で土木が76%、公共の建設投資額は建築が6兆1,800億円で土木が18兆3,500億円である。つ

まり、民間主体の建築と公共主体の土木である。公共工事における施工者の選定は競争入札が前提である。それに対して民間工事における施工者の選定手法は多様である。

　建築基準法による「建築物」の工事は、建築士法の規定にもとづいて、同法が定義する建築士の設計によらなければならない。また、建築主が建築物を建設しようとする場合には、建築基準法の定めに応じて確認申請書を建築主事などに提出して確認済証の交付を受けなければ建設工事に着手できない。それに対して土木は、有資格者による設計が必ずしも求められず、確認済証の交付を受ける必要もない。また、土木構造物における劣化の主要因が老朽化であるのに対し、建築物は経済的劣化で取り壊されることが多い。

　一括りに「建設」と言っても、建築と土木では、プロジェクトのマネジメントの様相がだいぶ異なる。このようなことから本書では「建築」を対象とする。

発注契約方式研究

　本書をまとめるきっかけとなったのは、2015年5月29日に発足した建設プロジェクト運営方式協議会（CPDS協議会）に設置された調査委員会の作業部会で、2016年4月から9月に実施した建築プロジェクト発注契約方式の多様化に対する実務者の意識の把握と整理を試みたワークショップである。このワークショップは、「設計・施工分離方式」「設計・施工一括発注方式」「詳細設計付工事発注方式」「ECI方式」の四つの発注契約方式を対象として、発注者、設計者、ゼネコン、発注者支援者の実務者が、評価項目と評価の視点でブレインストーミングを行い、四つの発注契約方式に対する各主体における意識の違いを整理したものである。ワークショップの結果、建築プロジェクトの品質、コスト、期間について、各主体者間における共通の課題や意識の相違点が見えてきた。

　調査委員会は2018年に普及啓発委員会と改称し、主体者間の意識の違いについてさらなる調査を展開した。この調査は、2018年8月から2019年1月にかけて、約30社の発注者、設計者、施工者、発注者支援者に対して、発注契約方式の多様化における施工者の早期参入や発注者支援者の導入について、半構造的なヒアリングを実施したものである。この二つの動向について、その効果・課題をそれぞれ整理し、各々が互いの課題を補完できる可能性を見出した。これら二つの調査研究の内容は、本書の第2部に詳述している。

　発注契約方式研究で得た知見を取りまとめるなかで、発注者の役割、コストマネジメント、プロジェクトに内在するリスク、透明化、海外の事例を加えた建築プロジェクトマネジメントの2020年前後の姿を後世に残すと同時に、建築プロジェクトに関わる多様な主体者が共通の知識でコラボレーションするための参考書を提示したいという想いが募り、執筆を進めた結果が本書である。技術者・技能者不足、プロジェクトの複雑化、多様化するステークホルダーなど、現代の建築プロジェクトは、さまざまな課題を潜在的に抱えている。それらに対峙するためには、現状を客観的に分析するための知識が必要である。その参考資料のひとつになることが、著者らの目標であった。

本書の構成と対象者

　このような問題意識で執筆した本書は、3部構成となっている。3部に分かれているものの、章ごとに完結した内容になっている。そのため、関心のある章だけを読んでいた

だいても、読者は気づきを得ることができるはずだ。

　　　　第1部は、現代の建築プロジェクトの概況である。第1章では建築産業の歴史と現代の課題を概況し、第2章で建築プロジェクトの発注者の役割について見解を示す。続いて、建築プロジェクト運営の重要なファクターについて、第3章で設計段階のコストマネジメント、第4章で建築プロジェクトにおけるリスクを論じる。これら二つの章は、コストや法律の専門家の知見を主軸に展開している。建築プロジェクトの透明化を担保するための仕組みを第5章で、生産性を高めるステークホルダーの協働意識とその制度が先行している米国と英国の事例を第6章で紹介している。このように第1部は建築プロジェクトの概況を再認識するためのトピックで構成しており、建築産業に入りたての若者や、大学で建築を学ぶ学生の教科書としても利用できる。

　　　　第2部は、発注契約方式研究の成果を主体に構成している。第7章は、多様な発注契約方式に対する実務者から見た各方式の利点と課題の分析である。それを深堀するヒアリングの内容は、発注者（第8章）、設計事務所（第9章）、ゼネコン（第10章）、発注者支援者（第11章）に分けて詳細な分析がなされているので、各主体が考えていることを概論的に知ることができる。多様な発注契約方式が広がっていくこれからの建築産業において第一線で活躍するための参考にしていただきたい。

　　　　第3部では、多様な発注契約方式の事例を紹介し、これからの建築プロジェクトのマネジメントにおける課題を提起する。第12章で述べた課題は、未来を担う若者が取り組むべき学びのアジェンダと解釈していただきたい。第13章の個々の事例を読むだけでも、これから多様な発注契約方式に取り組もうとしている実務者は、なにがしかのヒントを得ることができるだろう。

　　　　本書では、プロジェクトの関係者に対する呼称を次のように呼ぶ。建築プロジェクトのオーナーのことを「発注者」、独立した設計事務所のことを「設計者」、総合建設業や元請会社のことを「ゼネコン」、部分工事を請け負う会社を「専門工事会社」、PMやCMなどのコンサルタントを「発注者支援者」。設計者については、設計部門を擁するゼネコンにも設計者が存在するのだが、それを指す場合には「ゼネコンの設計部門」と呼ぶ。また、発注者支援者を専業とする者は「CMR」、ゼネコンの技術者は「建築技術者」、建設現場で施工の作業を担う者は「建設技能労働者」と呼ぶ。

まえがきのおわりに

　　　　以上に述べたように、本書は、2015年から7年の歳月をかけてまとめられた。その間に、多くの方々に調査研究にかかわっていただいた。そうした方々の意思が散りばめられている本書は、実務と学術が融合した実学の書であると自負している。関係いただいた皆様に、この紙面を借りてお礼を申し上げたい。

執筆者代表　志手一哉・小菅 健

目次

執筆担当

志手一哉　第1〜4章、第6章、第7章、第12章

小菅 健　第5章、第8〜11章

小長谷 哲史　第13章

橋詰 健　第13章

執筆協力

安部里穂　竹中工務店

伊井夏穂　執筆当時：芝浦工業大学大学院（現：国土交通省）

伊藤一義　日建設計コンストラクション・マネジメント

齊藤由姫　執筆当時：芝浦工業大学大学院（現：日建設計）

佐藤正謙　森・濱田松本法律事務所

奈良汐里　執筆当時：芝浦工業大学（現：大林組）

綿鍋宏和　インフロニア・ホールディングス

［第1部］ 建築プロジェクトの概況

あらゆる産業の現在は歴史の延長線上にある。

その時々の課題に対処する改善を積み重ね、現在がある。

一つひとつの改善は、良い結果をもたらした場合もあれば、

別の課題を引き起こした場合もある。

それらが混在した現在、われわれは、

建築ものづくりの活動を続けている。

この現在は、過去から未来に向かう通過点であり、

その場にとどまることなく絶え間ない変化が続いている。

現在を切り取ってその状況を正しく把握することは、

今後の活路を見出すための一助となる。

第1部では、建築産業が抱えている課題を振り返り、

建築プロジェクト・マネジメントの現在の姿を、

発注者や受注者の責務、コストの計画とマネジメント、

リスクと契約のあり方などの視点で記述する。

さらに、英国と米国における発注契約方式の変化を垣間見る。

これらの知見を通じ、現代の建築プロジェクト・マネジメントにおいて

発注契約方式の多様化が必然であることを認識する。

1.1

日本の
発注契約方式の
変遷

建築組織の成り立ち

　わが国における建築産業の歴史の始まりは聖徳太子の時代にさかのぼる。聖徳太子は仏教を広めるために、法隆寺、四天王寺、中宮寺、橘寺、法起寺、広隆寺、葛木寺の七つの寺を建立し、西暦578年に、百済の国から3人の工匠を日本に招いたという言い伝えがある[1]。この頃は朝廷が寺を建てており、木を扱う工匠の「右官」、土を扱う工匠の「左官」は朝廷に仕えていた。寺の建設は、現代風にいうならば公共事業の直営工事であった。当時は、工匠の長を「大工」、次長にあたる職を「少工」と称していたようである[2]。

　平安仏教の時代になると、寺の建設は朝廷の手から離れ、民間事業となる。工匠たちは「座」を形成し、大きな寺は専属の「木工座」を有していたという。木工座はいくつかの「組」で構成され、組の長を「大工」、座を統率する人を「棟梁」と呼ぶようになったとされる。発注者である寺が座を抱えて建設を行う一方で、朝廷関係の工事は官の工匠を中心に行われていた。しかし、平安時代の末になると私的な工匠の組織がつくられていき、鎌倉時代、室町時代を通じて、座という共同組織と私的な血縁組織を軸として建築の労働組織が独占的な大工職として構成されていく[3]。

開国に伴う設計・施工分離の広まり

　江戸時代に入る前の大規模建設事業では、国家や地方領主などの権力者が自ら工匠を抱え込んで直接建設を行う方式がとられていた。民間人が営利目的に建設を請け負う「一式請負」が定着したのは、豊臣秀吉が天下統一をした16世紀後半からといわれている。ただし、当時の請負者は、豊かな財務力が与信となる商人が主であった。民間人が工事を請け負うようになると、棟梁組織が組成され、建築主の御用聞きとなり設計と施工をともに担った。例えば、幸田露伴の小説『五重塔』には、18世紀末に五重塔の建設を請け負った棟梁が、設計、積算、職人の手配、工事までの一切を行う様子が描かれている[4]。当時、大工は高級な職業として認識されており、建築主と施工者の相互信頼にもとづいて設計と施工を合わせて請け負う**デザインビルド**になじみが深かったといえる。

　大きな転機となったのが、1854年の開国に伴う西洋建築技術の導入である。1870年に、欧米列強に対抗するための殖産興業政策を推進する中央官庁として工部省が設置され、ジョサイア・コンドルに代表される建築技師が西洋諸国から招聘された。その後、日本でも建築家という職能が広く認知され、「設計・施工分離」が広まっていく。1890年に施行された「会計法および会計規則」により、国が発注する請負工事は原則として「一般競争入札」とする規定がなされ、公共工事は設計と施工を分離することが基本的な発注の方法と位置づけられた[5]。工事請負を専業とする**ゼネコン**という業容が確立したのもこの時期である。ある程度の資金を持つ棟梁は請負業に転身した。一方で、まとまった資金を持たない棟梁は大工や大工以外の職種となり、請負者の下請となる［図1-1］。現在の大手から中堅ゼネコンの多くは、開国から1910年ごろまでに創立され、その後に業容を大きくして現在まで存続している。

総価請負契約の定着

　開国後における外国人からの発注は、工事費の支払い方式を「総価請負」とするのが基本であった。当時は山師とみられていた請負者が建物完成までのリスクをすべて負担する取り決めである。大正時代には、いまでいうところのコストプラスフィーによる工事契約が一次的に流行する。この時代は、第一次世界大戦や世界的金融恐慌、関東大震災を発端とする大規模な物価変動があり、総価請負契約では工事請負者がリスクを負担しきれないという事情が生じたことによる。例えば、1934年

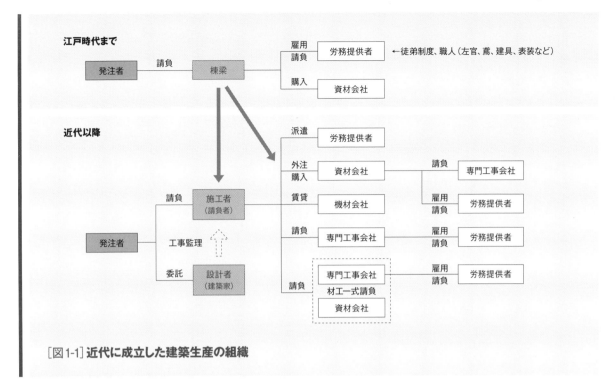

[図1-1] 近代に成立した建築生産の組織

竣工の明治生命館の新築工事では「報酬加算実費精算方式」が採用されたとの記録がある[6]。この記録によれば、報酬率は工事費の4%だったという。しかし、コストプラスフィー契約が定着することはなく、現在に至るまで工事費の支払い方式は総価請負契約が大多数を占めている。

戦後の歩み

1948年における建設行政を司る建設省（2001年から国土交通省）の設置、1949年に建設業法、1950年に建築基準法が施行され、戦後の建設産業再構築の基盤が整った。1950年の朝鮮戦争特需や1964年の東京オリンピックに向けた投資拡大、田中角栄首相が提唱した日本列島改造論などのあと押しにより、日本の経済が高度成長期に入ると建設市場や工事規模が急速に拡大していく。現在に続く大手の組織設計事務所が出そろったのもこのころである。ゼネコンも、1960年前後から建築生産の近代化に取り組み始め、杭打ち機やタワークレーン、生コンクリート圧送ポンプといった建設機械を海外から導入した。同時に、株式公開による資本力増強、技術研究所の設立による技術力強化、エンジニアリング部門の創設などを進め、建設にかかわるリスクへの対応力を強化していく。1968年に竣工した霞が関ビルディングで建物の超高層化時代が幕を開け、郊外に拡大したマンションブームやOA機器を組み入れたインテリジェントビルブームなどもあり、建設投資額は1992年に約84兆円のピークを迎える。1990年代初頭にバブル経済が終焉すると建設工事の価格競争が激しくなる。2010年ごろには国内の建設投資額がピーク時から半減するものの、ゼネコンは、その後も生産設計機能の強化や**フロントローディング**など、プロジェクトのリスクを軽減する能力を磨き続けている。

註1 聖徳太子の生年は西暦574年とされる。百済の国から招いた工匠の一人が創業者とされる金剛組によれば、聖徳太子の命を受けて百済の国から3人の工匠が日本に招かれたのは578年とある（金剛組ウェブサイト「沿革」）。

註2 田内設計ウェブサイト「建築を知る Ichi Ichi」。

註3 大河直躬「鎌倉時代における番匠の血縁組織について」『日本建築学会論文報告集』第63.2巻、1959年。

註4 幸田露伴『五重塔』岩波書店、1994年（初版1922年）。

註5 木下誠也・佐藤直良・松本直也・田中良典・丹野弘「公共工事の入札契約制度の変遷と今後のあり方に関する考察」『建設マネジメント研究論文集』Vol.15、土木学会、2008年。

註6 田中孝「企業のこころ──物語竹中工務店」日刊建設通信新社、1982年。

1.2
建築産業を
取り巻く
環境の変化

経済環境の変化と建設産業

日本の経済は、1990年代初頭のバブル経済崩壊を機に成長基調から後退基調に転換した。それに伴い民間企業の建設投資に対する考え方も資産重視から採算重視にシフトし、建設工事受注の価格競争が激化した。それにもかかわらず、発注契約方式や建築プロジェクトにかかわる各主体者の役割や彼らに期待される責務の見直しが進まず、価格競争のあおりを受けた建設現場の耐力が劣化し、品質問題や担い手不足など構造的な問題が顕在化し始めた。この節では、[表1-1]に示すように1990年を境に変化した建築産業を取り巻く環境をその前後で比較することで、現在の建築プロジェクトに生じている「歪み」を検討したい。

経済成長期の状況（1955～1990年）

1955年から始まった高度経済成長[1]は、技術革新、設備投資、豊富な労働力、内需拡大、安価なエネルギー資源、産業保護的政策などを背景に1973年まで続き、その後も安定した成長が1990年まで継続した。高度経済成長の時代には、公団住宅や工場など、不足している施設の建設が急ピッチで進められた。その後におとずれた安定成長の時代には、施設の超高層化や大規模化を伴う都市の近代化で建築産業が大きく成長する。この時期に、ゼネコン主導の業態や施工組織の重層化など現在の産業構造が形づくられた。設計と施工の関係においても、建築家が推進したモダニズム

建築を実現させるデザインビルド的な取り組み、大手ゼネコンの技術研究所設立、工業化工法の開発・普及などを経て、設計と施工の密接さが増していく。

この長きにわたって続いた経済成長では、不動産価格の継続的な上昇を期待できたため、多くの企業が自社ビルを所有する傾向があった。なかでもオーナー企業は独創的なデザインや技術を好んで採用するパトロン的な一面を持っていた。また、国内企業同士による株式持ち合いで企業統治が行われ、株主に対する説明責任の意識が現在よりも希薄だった。そうしたこともあり、発注者とゼネコンの長期的な関係にもとづいた**特命**での工事発注が現在よりも多かった。ゼネコンは、発注者との蜜月な関係を「信頼されること」で維持できたため、利益を明確に求めることを避け、設計支援やテナント誘致などの付帯サービスを拡充させてきた。また、建設投資が拡大するなかで、ゼネコンから**専門工事会社**へと業務が移転され、技術の再配置につながった。公共工事では、入札者の顔が見える指名競争入札が多く、建設投資に対する第三者の監査が必要とされる気運はいまほど高くない時代であったといえる。

経済後退期に転じて（1990年以降）

1990年1月から、それまで上昇していた株価や地価が下落に転じ、日本経済は一転して後退期に入る。その後、経済低迷のトレンドは20年以上も続いた。建設投資額は1991年の82.4兆円をピークに減少し続け、20年後の2010年に41.9兆円まで落ち込んだ[2]。そのトレンドと歩を合わせるように、官民問わず、議会や株主への説明義務、取締役会による監視機能への意識が高まり、建設投資に対する合理的な根拠が求められるようになる。

発注者は、地価上昇の含み益や物価上昇を期待できないため、建設費用の圧縮を求め、ゼネコンの価格競争が激化した。そのしわ寄せを受けた専門工事会社は、**建設技能労働者**の独立や一人親方化による非正規化、手間の請負化など、賃金削減や社会保障費の圧縮にまい進した。その結果、安定雇用や将来展望を期待できなくなった建設技能労働者業界に入職する若年者は減少した。それでも建設需要が底を打つ2010年前後は建設技能労働者が余剰気味で、末端企業に対するローコストの要求が増し、2010年代中盤に発覚

[表1-1] 建築市場を取り巻く環境の変化

		1980年代以前		1990年代以降
時代背景 （経済成長、企業統治、入札方式の側面）		● 経済成長期 ● 株式持ち合いによる企業統治 ● 指名競争入札が主流		● 経済後退期 ● 資本市場ベースの企業統治 ● 一般競争入札が主流
発注者と施工者間の利害関係	発注者	地価の上昇で含み益を期待できたため、建設費の精査に対して寛容であった。	発注者	事業で利益を得るために建設投資を最小化しなくてはならないため、施工入札が定着した。
		自己資金で自前の建物を建設することが多かった（透明性の説明が不要）。		プロジェクトファイナンスなど、他人資本で建物を建設する事例が増えた（透明性の説明が必要）。
		ゼネコンと長期的な関係を築けば、ゼネコンに多くの責任を負わせて優先的に工事を引き受けてもらえた。		売り手市場で施工者と長期的な関係を築かなくても引き受けてくれるゼネコンを労せず調達することができた。
	施工者	受発注者の長期的な関係で、多少の損は所長単位の裁量で取り戻す期待ができた。	施工者	集中購買制となりプロジェクト単位で確保が求められた利益はCDや追加工事の受注に依存。
		寛容な契約金額のなかで実施する技術開発や生産設計などの無償サービスで、設計の確定度の低さをカバーできた。		低価格受注により人件費の比率が高くなるなかで、生産設計や技術開発を無償サービスで行うことが負担になりつつある。
		発注者のあいまいな要求に対し、設計・施工一括で高くてもよい提案ができた。		あいまいな要求は性能発注と名を変え、設計の確定度が下がり建設コストの不確実性が高まった。
施工者による責任負担	発注者	施工者にできる限り多くの責任を負わせるという姿勢は強くなかった（入札方式も指名競争入札が主流）。	発注者	施工者に多くの責任を負わせたまま競争入札による工事価格の最小化を目指す（入札方式も一般競争入札が主流）。
	施工者	特命の設計・施工一括で受注すれば、幅広い裁量の下で、コストの不確実性の問題を吸収・解消できた。	施工者	施工時VEによるCDで利益を創出する意向は変えず、生産設計費を確保できる実施設計付施工を志向。
		見積りに予備費を織り込んでいても問題にならなかった。		予備費を見積りに盛り込む余地が減少。
		多くの技術をゼネコン主導で開発し、技術に伴う長短をよく把握していたため、結果的に、工事の不確実性による損失を施工者が吸収せざるを得ない状況が少なかった。		専門工事会社が開発した技術をゼネコンが採用することが多くなり、ゼネコンがよく把握していない技術を用いる場合、施工者が工事の不確実性による影響を受けるケースが増えた。
担い手不足 （建築技術者・建設技能労働者）にかかわる問題	発注者	特に問題として意識されず。	発注者	労務費の高騰で、不調が生じやすくなった。
	施工者	高額な賃金を支払えば年齢を問わずなり手がいくらでもいた（代替する仕事が少なかった）。	施工者	雇用の安定と将来展望の見通しが期待できず、若年層の入職者が減少した。
		社員技術者のOJTが機能していた。		外注人材への依存が高くなり、OJTが機能しにくくなった。

したさまざまな品質問題の温床となった。その対策として担い手3法[3]に代表される制度改革が進められる。

　2011年に発生した東日本大震災の復興事業やアベノミクス[4]による不動産市況の活性化で建設投資額が上昇し、直接雇用や社会保障制度の見直しが進むなど、建設技能労働者の雇用環境は改善しつつある。しかし、2020年初頭に始まった新型コロナウイルス感染拡大を転機に施設への投資が縮小し、好況に陰りが見え始めて価格競争が再燃すれば、多くの建設技能労働者を雇用した真摯な専門工事会社ほどコストダウンの負担を引き受けられなくなるおそれがある。

註1　1955〜73年にかけて、年平均10％以上の経済成長をとげた時期を高度経済成長と呼ぶ。この期間中、「神武景気」「岩戸景気」「オリンピック景気」「いざなぎ景気」が断続的に発生し、1968年にはGNP（国民総生産）が資本主義国内で第2位に躍進した。

註2　国土交通省の統計「建設投資見通し」による。

註3　品確法（公共工事の品質確保の促進に関する法律）と建設業法・入契法（建設業法及び公共工事の入札及び契約の適正化の促進に関する法律）を一体として改正すること。適正な利潤を確保できるよう予定価格を適正に設定することや、ダンピング対策を徹底することなど、建設業の担い手の中長期的な育成・確保のための基本理念や具体的措置を規定するために2014年に施行された施策。その後、働き方改革や生産性向上などを視野に入れた新・担い手3法の改正が2019年から2021年にかけて施行された。

註4　2012年12月に誕生した第2次安倍晋三内閣の経済政策で、エコノミクスとかけ合わせた造語。

1.3

現場の
担い手不足

建設技能労働者の高齢化

日本では、長期にわたる経済不況による建設市場の縮小で、**建築技術者**や建設技能労働者の減少が進んできた。これに加え、東日本大震災からの復興に端を発した国土強靭化、アベノミクスによる不動産市場の活性化、東京オリンピック・パラリンピック2020に関連した開発事業などにより、2010年代後半に建設需要が急増し、建築技術者や建設技能労働者の人材不足が顕在化した。[図1-2]の左図は、全産業と建設業で就労者数に占める29歳以下（若年層）の割合と65歳以上（高齢者層）の割合の推移を示している。両産業ともに若年層の減少傾向と高齢者層の増加傾向を確認できる。しかし、2020年の状況を見ると、全産業では若年層（16.6%）が高齢者層（13.6%）を上回っているのに対し、建設業は若年層（11.8%）が高齢者層（17.1%）を下回っている。建設業は、若年層が1997年から2013年の16年間で6割以上も減少した一方で、高齢者層の割合が2013年の53万人から2020年の84万人へと5割も増加している。つまり2010年代以降の建設需要の増加を支えていたのは65歳以上の高齢者である。この状況が将来も続くならば、高齢者層の引退後の建設業の建設技能労働者不足は避けられない。建設産業は、現場から自壊する危機に直面しているといえる。

[図1-2]の右図は、揚重機やコンクリート圧送の仕組みなど現在も使われている建設機械がおおむね出そろった1970年を基準とした**建設投資額**と**建設業就業者数**の伸び率の推移を示している。建設投資額は、

1985年までゆるやかに増加し、その後1990年のピークに向けて急増するが、そこを転換点として2010年までに1970年と同水準まで減り続ける。そして2011年の東日本大震災を基点として増加に転じ、2018年は1970年比120%の水準にある。建設業就業者数は、「建設冬の時代」といわれた1970年代後半から約10年の安定期があるものの、1997年の1970年比175%までゆるやかな増加傾向にあった。その後2010年まで減少傾向に転じるが、2011年からは横ばいで推移している。このことから、二つのことがわかる。ひとつは、建設市場の拡大期から縮小期への転換点では就業者の余剰が生じやすいということである。もうひとつは、就業者数の増減は市場の増減と比較してゆるやかに推移するということである。2000年前後の市場縮小期に建築技術者の余剰が生じ、ゼネコン各社は早期退職者の募集や新卒採用者数の抑制で社員数を縮小した。また、建設技能労働者の賃金低下により、プレキャストコンクリートのような工業化工法よりも在来工法がコスト的に優位となる時代が長く続いたため、1970年以降も生産性の高い構法や工法の開発がほとんど進展しなかった。さらに、1997年までの「ハコモノ行政」[1]と呼ばれる景気対策の反動もあり、その後の公共工事の発注量が十余年にわたり停滞したことで、地方公共団体における建築技術者の職場内教育が成立しにくくなっている。民間企業においても、職場内教育の難しさが指摘されている。例えばゼネコンの建設現場では、施工管理のかなめである施工図の集約化や外注化が進んだため、建設現場内における施工図の実践教育に苦慮している。

構造的なジレンマ

2010年前後、建設技能労働者が不足傾向になる以前の建設労働需給は、おおむねバランスがとれていたか、余剰気味であった。その後の建設市場の活況で不足がたちまち顕在化した状況を見れば、建設業は需要変動に対する弾力性が低下していると推測できる。その理由は先述の通り、若年層の減少にある。高校進学率が97%を超えるなか、福利厚生も整備されておらず会社の体を成していない業社を就職活動の対象として選択する若者がどれだけいるか疑問である。その不足を補う意味もあり、2017年に「外国人技能実習制度」[2]における実習期間が最大3年から5年へ延長さ

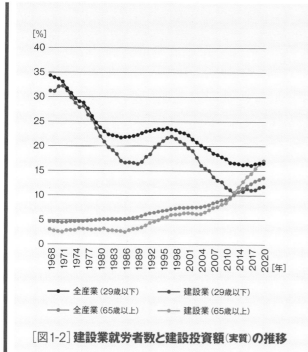
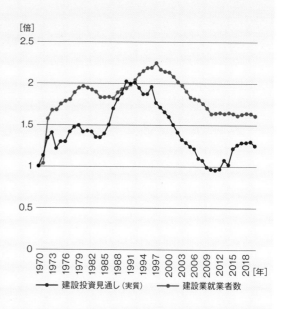

凡例（左図）
─●─ 全産業（29歳以下）　　─●─ 建設業（29歳以下）
─●─ 全産業（65歳以上）　　─●─ 建設業（65歳以上）

凡例（右図）
─●─ 建設投資見通し（実質）　　─●─ 建設業就業者数

[図1-2] 建設業就労者数と建設投資額（実質）の推移

れ、2019年よりさらに5年の滞在が可能となる「特定技能1号」、2021年からは滞在期間の上限のない「特定技能2号」など、建設業を含む外国人技能労働者の在留資格が緩和された。ただし、東南アジアの経済発展が見込まれるなかで、外国人技能労働者がいつまで日本に来てくれるかわからない。

　また、国土交通省は、法定福利費が明示された請負代金内訳書の活用徹底、社会保険加入規制や働き方改革、**建設キャリアアップシステム**[3]を活用した建設技能労働者の能力評価基準など、建設技能労働者の処遇改善に向けた法的施策を展開している。

　建設技能労働者の不足にとどまらず、地方公共団体やゼネコンなどにおける建築技術者の担い手不足も問題になりつつある。建設現場の施工管理職は、朝8時前から朝礼の準備をし、建設技能労働者が帰宅した17時以降にデスクワークを行う場合も多いため、残業を避けられない。本書を執筆した2021年においても、作業所の閉所日が日曜だけという建設現場は少なくない。一方で、作業所の閉所日を増やすことは、日給で仕事をしている建設技能労働者の手取りが減少することになりかねない。中長期の需要が不安定な建設産業で、1次や2次の専門工事会社がすべての建設技能労働者を固定給で雇用するには限界がある。こうしたジレンマを解消しないかぎり、建設業の担い手不足は永遠の課題

であり続ける。

　これらの問題は、建築プロジェクトの成功を評価する指標がコストに集中していたり、発注者と施工者の支払いが総価請負に偏重し過ぎていることに起因するという見方もある。わが国の建設産業はそれしか選択肢がないかのようにふるまってきたが、2014年6月に施行された改正「品確法（公共工事の品質確保の促進に関する法律）」では、発注者責務の明確化と多様な入札契約方式の導入・活用がうたわれた。価格競争入札や総価請負にとらわれない多様な発注契約方式の選択肢は、わが国の建設産業の健全化の一助となる可能性を持っている。

註1　公共施設の建設に重点を置き、費用をかけて建設したにもかかわらずその施設を有効に活用できていない国や自治体の施策のこと。

註2　外国人技能実習制度は1993年に制度化された。外国人の技能実習の適正な実施及び技能実習生の保護に関する法律（技能実習法）には、基本理念として「技能実習は、労働力の需給の調整の手段とし

て行われてはならない」（法第3条第2項）と記されている。

註3　技能者の現場における就業履歴や保有資格などを、技能者に配布するICカードを通じ、業界統一のルールでシステムに蓄積することにより、技能者の処遇の改善や技能の研鑽を図ることを目指す、官民一体で取り組んでいるシステム。

1.4

建築の
生産設計とは

生産設計の定義

「**生産設計**とは、簡単にいえば、施工する際につくる手順や要領を考えておくこと」[1]である。「生産設計」という言葉が建設業界で使われ始めたのは1990年代初頭で、このころに「生産設計」という名称を冠した部門を設置した大手ゼネコンもある。当時の状況を調査した古阪らは、生産設計の基本項目を［表1-2］のように整理している[2]。この整理によれば、設計というよりも施工計画の色が濃い。また、材料選択や標準化・標準品の活用など、商社やメーカーに発注する製品を決める「もの決め」の要素も含まれている。

実務的な視点で「生産設計」を説明すると、ゼネコンが施工図を作製しながら、構法、工法、材料、施工手順、品質、原価、工程などを検討することを指すように思われる。日本のゼネコンは、基礎、躯体、内装などを一式のパッケージで専門工事会社に外注せず、鉄筋工事や軽量鉄骨工事などの個別の工事をばらばらに自ら調達し、それらの施工寸法を確定して専門工事会社に提示するための施工図をゼネコンが作製することが伝統的に行われている。［表1-3］は、ゼネコンが作図・検図をする施工図の種類である。

施工図と生産設計の関係

これらの図面を作製するには、各部工事の納まりの整合性を検討して確保する必要がある。逆にいえば、各部の納まりの整合性が確保されていれば、必要な検討は最小限で済む。しかし、設計業務の報酬基準を定める平成31年国土交通省告示第98号を見ても、実施設計に関する標準業務の実施設計図書の作製について「実施設計図書においては、工事施工者が施工すべき建築物及びその細部の形状、寸法、仕様並びに工事材料、設備機器等の種別及び品質並びに特に指定する必要のある施工に関する情報（工法、工事監理の方法、施工管理の方法等）を具体的に表現する」とあるだけで、各部工事の納まりを調整する旨の記載はない。結局、施工図を作製するために必要となるエンジニア的な観点による納まりを設計する担い手や報酬が制度的に宙に浮いている。この納まり調整の穴埋めをするために行っていた無償の業務をゼネコンが建設的にとらえ、生産情報を設計に反映させる意思を表明したのが「生産設計」だったのではないだろうか。

CADの普及と生産設計の発展

施工図に類する図面に「総合図」がある。総合図とは、「意匠、構造、設備などの分野別に作成された設計図書に基づき相互に関連する工事（設計）内容を1枚の図面に表したもの」[3]で、ゼネコンが作製する図面との考え方がある。元々は、平面詳細図や天井伏図などに、建築部品や設備機器の見えがかりを表記した「プロット図」で、意匠的な判断を行うための図面であったが、1990年代中盤からパソコンとCADが普及するなかで、平面詳細図に配管を含めた設備図と構造図のデータを重ね合わせた図面のことを総合図と呼ぶようになった［図1-3］。このCADを用いた総合図では、意匠、構造、設備の相互における縦方向の干渉をチェックできるため、施工図に先立った調整業務で使われるようになる。また、それらの要素の表示をレイヤーで切り替えながら施工図を作製するような使われ方にも発展した。

手描きの図面はその図面の目的以外での利用が難しい。しかしCADデータであれば、異なる図面の重ね合わせが容易である。また、原寸で入力するため、取り合いの詳細な検討や設計が可能となる。ゼネコンでは、こうした特徴を活かし、CADを用いた生産設計に取り組んできた。施工図の作製過程で把握する未確定事項や問題点を実施設計にフィードバックするだけでなく、実施設計と施工図作製を同時進行する思想や、意匠、構造、設備、生産の職能間でCADデータを共有して一

[表1-2] 生産設計の基本項目

基本項目	活動内容
生産に有利な構・工法の選定	構工法の選択、信頼性の付与、入手性の検討
寸法精度の設定	設計品質の確定、寸法公差の規定、代用特性の規定
最適材料の選択	材料選択、信頼・保全性の付与
構造の単純化・規格化・標準化	部品・部材の標準化、標準品・規格品の利用、繰り返し性の活用
市販品や規格品の採用	リードタイム工程表、市況の理解

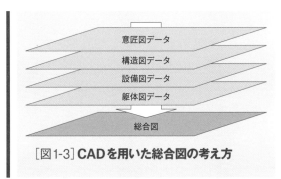

[図1-3] CADを用いた総合図の考え方

[表1-3] 施工図の種類

工事別	図面名称	作製者
鉄筋コンクリート工事	コンクリート寸法図	G
	施工図（鉄筋工作図）	S
	施工図（型枠工作図）	S
	軸組図	G/S
	梁伏図	G/S
	柱・梁詳細図	G/S
	アンカープラン	G/S
木工事	間仕切軸組詳細図	G/S
石工事	割付図	G/S
	納まりおよび取付け詳細図	G/S
タイル工事	目地割図	G/S
	納まり詳細図	G/S
	役物リスト	G/S
金属工事	製作金物工作図	G/S
	天井および壁下地鉄骨詳細図	G/S
	天井および壁金属壁張り詳細図	G/S
金属製建具工事	配置図	G/S
	詳細図	S
左官工事	特殊部分納まり詳細図	G
	目地割図	G
内装工事	壁・天井その他造作詳細図	G/S
プレキャストコンクリート工事	プレキャストコンクリート割付図	G/S
	プレキャストコンクリート取付詳細図	G/S
雑工事	各種家具詳細図	G/S

G=ゼネコン、S=専門工事会社

貫利用する設計プロセスの改革を1990年代から進めてきたゼネコンもある[4]。このような業務改革はゼネコン主体のデザインビルドで経験を重ね、現在では「フロントローディング」と呼ばれるようになっている[5]。

生産設計の専門チーム

　上述したように、大手のゼネコンはCADが普及した1990年代に生産設計部門を設置した。その設置先は、生産側の部門、設計側の部門、関連会社など、企業によって異なる。いずれにしろ、多くの場合が、施工図の作製と、設計部門との調整を任務としている。2010年代に入ってからは、生産設計部門が**BIM**（Building Information Modeling）を普及させる役割も担う企業が目立つ。各部の納まりの整合性が確保されていれば、施工図を手戻りなく描くことができる。整合性の確保は、2次元データで行うよりも3次元データで行うほうが効率的で、「CADかBIMか」ではなく「CADもBIMも」が本質である。したがって、BIMで恩恵を受けるのは生産設計部門であり、そのメンバーはCADにもBIMにも精通している必要がある。

註1　ものづくり研究会編著『建築生産──ものづくりから見た建築のしくみ』彰国社、2012年。
註2　古阪秀三・遠藤和義・山崎雅司「集合住宅設計における生産設計方法論の確立（1）──生産設計の概念と設計変更調査」『日本建築学会近畿支部研究報告集』日本建築学会、1990年。
註3　日建設計エンジニアリング部門監理グループ「総合図の手引」。
註4　石井友彦・森本修・上村昌之「建築生産情報統合システム（SISC-T）の開発と展開」『日本建築学会第19回情報・システム・利用・技術シンポジウム論文集』1996年。
註5　日本建設業連合会『フロントローディングの手引き2019』2019年。

1.5

2020年から
先の変化

2020年という節目

ポスト2020年に建築業界に降りかかる問題は、修繕・改修工事の増加である。2017年の統計値を見ると、2020年時点で築30年を超える1990年までに建設された建築物は、住宅では木造の約50%、非木造の約34%、非住宅では事務所・店舗の約43%、工場・倉庫の約57%、その他の約43%を占める[図1-4]。これに含まれていない公共建築物を含めると、その割合はもう少し大きくなると予想される。それらの多くが大規模な修繕・改修時期を迎えると、小規模な工事が日本各地で増えていく。小規模な工事は大規模な工事と比較して人材の効率的な配置が難しい。また、竣工から現在に至る修繕・改修工事の履歴が図面や書類として整備されていない建物も多い。さらに、主たる構造体の劣化の状態を推し量る手段さえわれわれは持ち合わせていないことも修繕・改修工事を複雑にする。このような修繕・改修工事を効率的に行わなければ、建築技術者や建設技能労働者の不足問題は深刻化する。

2010年代終盤から、建設現場で稼働するロボットの開発がさかんに行われている。しかし、現場でものをつくるという発想を変えないかぎり、建築技術者や建設技能労働者の不足を解消できると思えない。また、英語で建築プロジェクトの発注者のことをOwnerやEmployerと称するように、発注者は建築プロジェクトの主役であってお客様ではない。発注者が効率的に建築プロジェクトを進めようとする意識を持つようになれば、生産性を阻害している無駄の多くを解消できるはずである。

建物や建築業界の持続性

発注者が建築プロジェクトに対する要求水準を明確に示すことと、建物に求める価値を示すことは同じ意味である。長期に収益を生み出す建物に価値があると考えるならば、経済や社会など外部環境の変化に対応できる建物のコンセプトや利用のシナリオをつくる必要がある。加えて、環境や資源の問題にも対応しなくては持続的な建物とはいえまい。このような建物の計画は、投下資本利益率を高めるために建設費を圧縮することと相反することが多い。建物の価値を経済的にも物理的にも評価する指標が必要で、その要点として、建物のライフサイクルで生成されるさまざまな情報やデータを蓄積、管理、共有、公開することが求められよう。

また、建設産業を持続性のあるかたちで維持させようとするならば、建築技術者や建設技能労働者の働く環境の改善が急務である。労働時間の短縮、休日の確保、屋外作業の減少などの実現には発注者の意思が影響する。発注者の都合でゼネコンに無理強いをさせるならば、相応した対価を支払う義務がある。日本以外では、建設技能労働者の残業や休日作業に対する賃金割り増しの制度があり、それを発注者が負担する。

現在の日本の発注者は、自らがこのような責務を負っているという認識を持っているだろうか。発注者が、事業採算だけを追求していては持続的な建築業界を維持できない。多様な視点でバランスのとれた要求水準をまとめ上げるには、建築プロジェクトを発注するためのプロ集団を発注者が編成する必要がある。

BIMによる建物の価値

国土交通省住宅局は、2019年6月に「建築BIM推進会議」を設置し、建築プロジェクトを効率的に進めるための主要技術であるBIMの普及を展開している。この会議では、プロジェクトのステークホルダーすべてがBIMで恩恵を享受できる環境を構築することを目的としている。

BIMとは、図面に描き込んでいた文字情報を属性情報やデータとすることで、建物に関するあらゆる情報・データをさまざまな業務アプリケーションで利用できるようにする思想である。建物の情報は、企画や基本計画から設計を経て竣工に至る各段階で逐次的に追加さ

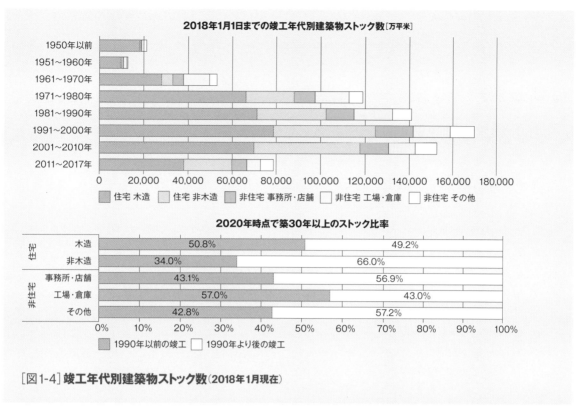

[図1-4] 竣工年代別建築物ストック数（2018年1月現在）

高品質・高精度な建築生産・維持管理の実現

いいものが

▶ 3Dモデルの形状と属性情報により空間を確認できることで、建築のプロでない人でもイメージを共有

▶ 設計・施工時の情報が一元管理されることで、建築生産の効率的な品質管理を実現

▶ 完成後も活用可能なデータにより、最適な維持管理、資産管理、エネルギーマネジメントを支援

高効率なライフサイクルの実現

無駄なく、速く

▶ 投資効果の可視化（コストマネジメント）による迅速な意思決定

▶ 設計・施工・維持管理段階の円滑な情報の伝達により、無駄のない建物のライフサイクルを実現

▶ 設計・施工の各工程の作業効率化

▶ 維持管理の省力化の実現

▶ 海外との共通・競争基盤としてのBIMの確立

社会資産としての建築物の価値の拡大

建物にも、データにも価値が

▶ 適正かつリアルタイムな資産評価・資産管理の実現

▶ センサーなどとの連携による建築物へのサービスの拡大

▶ ビッグデータ・AIの活用による建築物を起点とした新たな産業の創出

▶ インフラプラットフォームとの融合による最適なリスク管理の実現

[図1-5] 建築BIMの活用による将来像

れ、維持管理・運営段階で更新される。BIMマネジメントの国際規格「ISO19650シリーズ」には、発注者が、施設運営に必要な情報・データを整理して要求水準に組み入れることの必要性が説かれている。

BIMは施設資産のライフサイクル全体でさまざまな情報・データをストックし、多様なアプリケーションで情報・データを交換するハブとなる。維持管理・運営の段階では、メンテナンス情報やセンシングデータなど、日常の活動で生じる動的データがBIMの階・部屋・部位などの情報を紐づけながら蓄積されていく。それらのデータは、BIMを介した建物の構成要素の制御に使われる。[図1-5]に示すようにBIMが建物のデジタル化による価値を左右する時代へと急展開している。

2.1
建築プロジェクト
の発注

建築プロジェクトの特徴

建築プロジェクトは、製品の企画、設計、生産管理、生産、保証を主としてひとつの企業で行う製造業と異なり、企画、設計、施工管理、施工、維持保全を異なる企業が受け持つ。また、建売住宅を除き、消費者が製品を選択して購入するのではなく、自らの意思を伝えて設計業務を委託し、納品された設計図書にもとづいた工事契約をゼネコンや工務店と締結する。そのため、「顧客」に相当する立場のことを「発注者」と呼ぶ。発注者は建築プロジェクトのオーナーであり、設計や施工管理などの受注者を自由に選択できる。その代わり、契約や意思決定にもとづいて、建物の建設や所有にかかわる責務やリスクを負う。

建築工事の発注

建築工事の発注に対する基本的な考え方は民間と公共でやや異なる。税金を財源とする公共工事では、契約相手の選定における公平性・公正性と、最小の経費で最大の効果が得られる内容で行うことが求められる。そのため、設計図書の作製や工事の受注者を透明性のある方法で選定せざるを得ない。公共建築工事の設計では、地域住民の意見を取りまとめて設計要求条件を作成し、設計業務を委託する企業・団体を公平・公正な方法で選択する。設計業務の完了後は、その成果品である設計図書で**予定価格**を設定し、競争的な入札で適切な施工者を選択して工事を発注する。このように設計と施工を別の企業に発注するやり方が公共工事では一般的である。

それに対して民間企業による発注は、契約自由の原則で行われる。どのような方法で設計者や施工者を選択しようと、設計と施工を分離しようがあわせようが発注者の自由である。前章で述べたように、日本は伝統的に施工者が設計を行ってきた文化があるため、設計と施工をあわせてゼネコンに発注するケースが他国と比較して多い。

発注契約方式の多様化

公共における建築工事の発注者は、教育委員会や公安委員会のような「事業所管部局」である。事業所管部局が施設の建設を企画し、議会の承認を得て工事予算を確保する。事業所管部局から執行委任を受けて技術的な助言、諸条件の把握、発注条件の取りまとめ、発注・実施を行うのが、営繕や設備を専門とする「発注部局」である。工事が完了したあとは、発注部局から事業所管部局に建物が引き渡され、事業所管部局が建物の運用・管理を行う[1]。対外的に公共工事の発注者である発注部局は、国や自治体の内部における発注者支援の専門家集団である。国でいえば、国土交通省大臣官房官庁営繕部である。

人口が減少傾向にあり、既存施設が量的に確保されている市町村区で、公立学校、市民病院、競技場、庁舎などの公共建築の新築工事がさほど頻繁にあるわけでない。一方で、老朽化が進む既存施設の修繕や改修など、1件あたりの工事費が小さい割に現地調査や発注・契約などに手間がかかる維持保全にかかわる業務は確実に増えていく。

［図2-1］に示すように、都道府県・指定都市（左図）、市町村区（右図）ともに、**建築技師**の人数やそれが総職員に占める割合は全体として増加傾向にある。しかし、市町村区の38%は一人もおらず、67%は5人以下である（2020年4月1日現在）[2]。また、それなりの技師数を抱える自治体においても、新築や大規模改修など複雑で高度な工事の経験者がどれだけいるかわからない。そうしたなかで、適正な価格と品質で公共施設を迅速に発注できる体制が問われている。この課題に対し、ゼネコンを何らかのかたちで設計に関与させたり、発注業務の支援を民間の専門家に委託したりして解決を図ろうとする

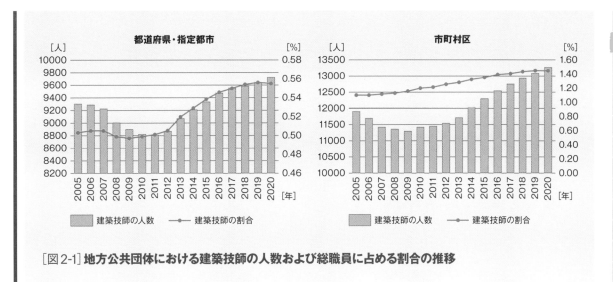

[図2-1] 地方公共団体における建築技師の人数および総職員に占める割合の推移

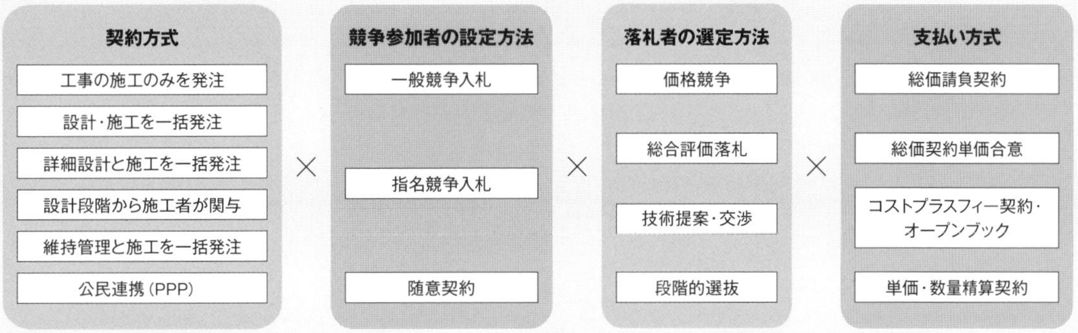

[図2-2] 多様な発注方式を構成する要素

方策を国土交通省が進めている。

工事契約の入札契約方式

　国土交通省は、2015年に策定した「発注関係事務の運用に関する指針」で、発注者が「発注者の責務」をふまえて自らの発注体制や地域の実情などに応じた発注業務を適切かつ効率的に運用できるように、発注の各段階で取り組むべき事項や多様な入札契約方式の選択・活用について指針をまとめている[3]。

　この運用指針では、工事調達の入札契約方式を、「契約方式（契約の対象とする業務及び施工の範囲）」「競争参加者の設定方法（契約の相手方を選定する候補の範囲）」「落札者の選定方法（契約候補者から契約の相手方を選定する方法）」「支払い方式（業務及び施工の対価を支払う方法）」に分類し、入札契約プロセスでは、これらを多様に組み合わ

せて考える［図2-2］。そのなかでいくつかの典型的な組み合わせパターンに、「設計・施工分離方式」「設計・施工一括発注方式」「詳細設計付工事発注方式」「ECI方式」などの名前がついている。国土交通省は、公共事業の高度化したニーズに対して民間のノウハウを活用できるように、多様な入札契約方式の普及を地方公共団体に対して推進している。

註1　国土交通省大臣官房官庁営繕部「公共建築工事の発注者の役割 解説書（第二版）」2018年10月。
註2　総務省「地方公共団体定員管理調査結果」2005〜2020年。
註3　公共工事の品質確保の促進に関する関係省庁連絡会議「発注関係事務の運用に関する指針」2015年1月（2020年1月改正）。

2.2

品確法における
多様な
入札契約方式

品確法における契約方式の類型

2014年に「公共工事の品質確保の促進に関する法律(以下、品確法)」が改正された。その改正のポイントのひとつとして、多様な入札契約制度の導入・活用がうたわれた。2.1節で述べた通り、国土交通省は入札契約方式を「契約方式」「競争参加者の設定方法」「落札者の選定方法」「支払い方式」に分類し、入札契約方式はこれらの組み合わせとなるとしている。本節ではこのなかの「契約方式」について代表的なものを取り上げて説明する。

上記の改正品確法に関連し、2015年に国土交通省より「公共工事の入札契約方式の適用に関するガイドライン」が発行され、各契約方式の解説がなされた[1]。このガイドラインでは、入札契約方式の選択にあたっての基本的な考え方と、各入札契約方式の概要と考え方が整理されている。[図2-3]は、国土交通省が発行した「多様な入札契約方式の活用に向けて」[2]のパンフレットに掲載されている、各方式でゼネコンが設計に参画するタイミングを示したものである。また各方式における発注者とゼネコンの契約内容は、[図2-4]のようになる。

工事の施工のみを発注する方式

上述したガイドラインでは、「工事の施工のみを発注する方式」について、「別途実施された設計に基づいて確定した工事の仕様により、その施工のみを発注する

方式である。発注に際しては、設計者が実施した設計によって確定した工事の仕様(数量、使用する資材の規格など)を契約の条件として提示して発注することとなる」と説明している。

ガイドラインでは、この方式の特徴と効果を[表2-1]のようにあげている(P. 027)。工事の施工のみを発注する方式(以下、設計・施工分離方式と呼ぶ)は、設計を完成させてから価格で競争入札をするプロセスのため、ゼネコン選定や設計変更の基準を明確にしやすい。また設計者とゼネコンの間で利益相反に対する相互の抑止力が働くことを同方式の利点としてあげている。

その反面、設計段階における施工性の確認が重要となる。施工性が考慮されていない設計の場合、発注者が想定する予定価格と見積価格が乖離するなどして不調・不落[3]になるケースも散見される。また、「予期することのできない施工条件の変化等により、設計に遡った対応が必要となる場合は、発注者は適切に設計図書の変更及びこれに伴い必要となる請負代金又は工期の変更を行うこととする」とあるように、設計と施工の整合に関する費用・工期などのリスクを、原則的に発注者が負う。

設計・施工一括発注方式、
詳細設計付工事発注方式

同ガイドラインでは、設計・施工一括発注方式を「構造物の構造形式や主要諸元も含めた設計を、施工と一括して発注する方式である。この方式では、発注に当たり、対象とする構造物に関して発注者が求める機能・性能及び施工上の制約等を契約の条件として提示した上で発注することとなる」としている。また、基本設計まで設計事務所が行い、実施設計からゼネコンが設計を担う詳細設計付工事発注方式[4]については、「構造物の構造形式や主要諸元、構造一般図等を確定した上で、施工のために必要な詳細設計(仮設を含む)を施工と一括して発注する方式である。発注に際しては、予備設計等を通じて確定した種々の条件を詳細設計を実施する上での条件として提示した上で発注することとなる」としている。双方の違いは、ゼネコンが設計のどの段階から設計業務を担うかである。

これらの方式では、施工技術をふまえた実施設計を行うことで、効率的で合理的な計画立案が可能となる。

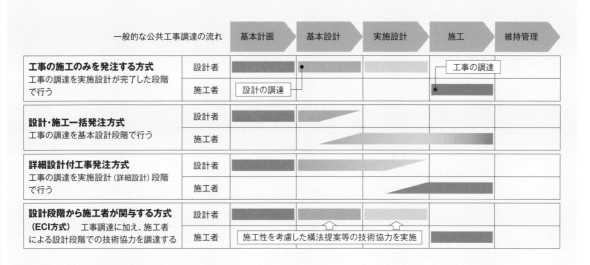

［図2-3］**事業段階と調達範囲の例**

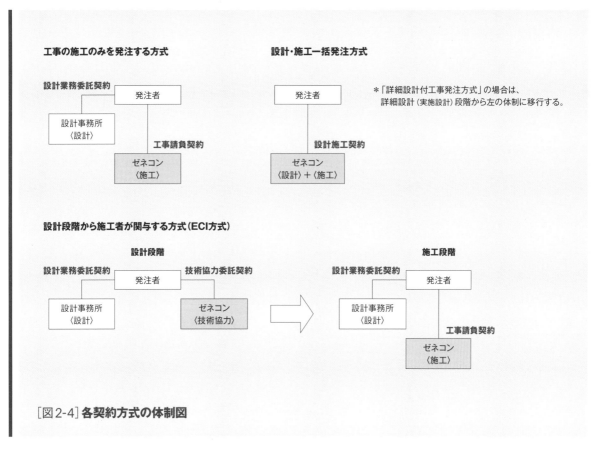

［図2-4］**各契約方式の体制図**

したがって、設計者とゼネコンの調整などに起因する発注者の業務軽減や責任の所在を一元化できるメリットがあるとしている。ゼネコンが自ら設計段階の工事費概算や工期算出を行うため、工事費の確定度を早い段階で高められる。公共工事も含めて設計・施工一括発注方式の採用が増えつつある背景として、2013年ごろ

から始まった急激な建設物価の上昇や建築技術者の不足により、発注者の設定した予定価格や工期では、不調・不落が頻出した点もあげられよう。

　留意点は、前項であげた「工事の施工のみを発注する方式」の裏返しである。ガイドラインでは、設計者の視点や発注者におけるチェック機能が働きにくく、ゼネ

コンの視点にかたよった設計となる可能性を指摘している。また、発注者側がゼネコンに設計施工でプロジェクトを「丸投げ」してしまうことで、本来発注者が負うべきコストや工事完成物の品質に対する責任を果たさなくなる点や、発注者のコストに対する意識が希薄となり、ゼネコンに過度な負担が生じる可能性をあげている。近年は、設計・施工一括発注方式を採用する際に、第三者的視点や技術的中立性で補完する発注者支援業務を**CM**(コンストラクションマネジメント)会社などと別途契約する発注者が増えつつある。

設計段階からゼネコンが
関与する方式(ECI方式)

同ガイドラインでは、「設計段階から施工者が関与する方式(**ECI方式**)[5]」を「設計段階の技術協力実施期間中に施工の数量・仕様を確定した上で工事契約をする方式である(施工者は発注者が別途契約する設計業務への技術協力を実施)。この方式では(中略)、当該工事の施工法や仕様等を明確にし、確定した仕様で技術協力を実施した者と施工に関する契約を締結する」と説明している。この方式におけるゼネコンは、設計段階に技術協力契約を結び、協力者としてプロジェクトに参画するが、設計業務を担うわけではない。

ECI方式は、「工事の施工のみを発注する方式」と「設計・施工一括発注方式、詳細設計付工事発注方式」の中間的な位置づけである。あくまで設計は設計者の業務であり設計責任も設計者にあるのだが、ゼネコンの知見を設計に組み入れることで、設計の確定度を高めたり、施工性に配慮した設計にしたりすることが期待できる。

ECI方式の留意点は、調整業務という発注者の負担が増えることである。例えば、設計者の意見とゼネコンの提案が折り合わない場合、発注者がその内容の調整と採否の最終的な判断を行う必要がある。また、ゼネコンの技術提案を取り入れながら設計者が設計を行うため、何か不具合が生じた際に、設計的な問題か技術的な問題か、責任範囲の線引きを明確にする必要性がガイドラインにあげられている。その他、技術協力に要する適切な対価の設定もECI方式の留意点としてあげられる。ゼネコンは工事を受注するために、技術協力に要する費用の不足を厭わずにECI方式を受注する可能性

もある。ただしその費用は工事費のなかに組み込まれていく。技術協力の対価が適切でないのであれば、従来、ゼネコンが行ってきた無償サービス的な発注者支援や設計協力と本質的に違わない。技術協力というサービスを購入するという意識改革が発注者に芽生えなければ、設計と施工をあわせてゼネコンに発注する方式が発注者にとって最も合理的な選択になる可能性がある。ただし、工事入札が原則の公共工事におけるデザインビルドの採用は、依然としてハードルが高い。その対抗策として、ECI方式の広がりに期待がかかる。また、発注者にとっては、ECI事業者をどのように選定し、その成果をどのように評価するかを整理することが喫緊の課題である。

各方式の性格

これまでに述べた四つの方式の違いは、ゼネコンが設計のどの段階からどのようなかかわり方をするかである。そのことは、設計上の何らかの問題が生じたときに、その問題の対処を引き受ける責務が発注者とゼネコンのどちらに多く配分されるのかという意味である。その責務の配分が発注者に多い順に並べると次のようになる。発注者が受領した設計図書で工事発注をする「設計・施工分離方式」は発注者が多くの責務を引き受ける。次いでゼネコンが助言をする「ECI方式」、基本設計でゼネコンと契約をする「詳細設計付工事発注方式」が続き、発注者とゼネコンにおける責務の配分バランスが変わっていく。設計と施工の責任をゼネコンに一括して負わせる「設計・施工一括発注方式」は、発注者の責務が最も少なくなる。責務と権限はセットで考えるのが妥当であり、ゼネコンが負う責務が多いほど、ゼネコンに与えられる裁量が大きくなる。それに対して機能やデザイン面で発注者の意志をいかに反映させるかが課題となる。海外では、デザインビルドにおいても、設計と工事の契約を分ける**2段階発注方式**や、基本設計を委託した設計者を実施設計でゼネコンとの契約にさせる**ノベーション**(novation)など、発注者の責務と権限のあり方について多様なオプションが用意されている。

［表2-1］各契約方式の特徴と効果など

方式	特徴	効果など
工事の施工のみを発注する方式	発注時において、設計成果並びに関係機関及び地元との協議結果等に基づいて発注工事の仕様を確定させて発注することとなる。また、確定した仕様により、精度の高い工事費の算出が可能となる。	設計者は意図的な過剰設計を行い、施工費用を増加させるメリットがないため、コストの増加を防止できる。
	環境に対する影響評価、関係機関との協議等に関して、設計段階全体を通じての調整等が可能となる。	設計者は施工費用に対するリスクを負担しないため、耐久性等の品質・安全性を当該環境に応じて確保することができる。
	建築物の工事においては、設計段階を通じて施設の利用方法を具体的かつ詳細に確認する必要があるため、この方式を活用した場合、利用方法を十分に確認し、発注工事の仕様（設計成果）に反映することが可能となる。	発注者、施工者による設計の監督・照査により、設計品質等を維持できる。
	発注時に示した仕様・条件と異なる状況が発生（地質条件の相違等）した場合、契約の変更により対応することとなり、増加費用については、基本的には発注者が負担することとなる。	詳細な図面にて施工を発注することにより、発注条件の明確化、入札価格への余分なリスク費用の上乗せを防止できる。
	仕様を確定させてから工事を発注するため、契約変更を必要とする施工条件が明確である。	その他、設計と施工の役割が分担されていることにより、相互に過失などの防止を図ることができる。
設計・施工一括発注方式 **詳細設計付工事発注方式**	施工者のノウハウを反映した現場条件に適した設計や、施工者の固有技術を活用した合理的な設計を図る方式である。	設計と施工（製作も含む）を一元化することにより、施工者のノウハウを反映した現場条件に適した設計、施工者の固有技術を活用した合理的な設計が可能となる。
		設計と施工を分離して発注した場合に比べて発注業務が軽減される可能性がある。
		設計時より施工を見据えた品質管理が可能となるとともに、施工者の得意とする技術の活用により、より優れた品質の確保につながる技術導入の促進が期待される。
		設計の全部又は一部と施工を同一の者が実施するため、当該設計と施工に関する責任の所在を一元化できる。
設計段階から施工者が関与する方式（ECI方式）	設計段階から施工者が関与することで、発注時に詳細仕様の確定が困難な事業に対応する方式である。	設計段階で、発注者と設計者に加えて施工者も参画することから、種々の代替案の検討が可能となる。
		別途発注された設計業務の実施者（設計者）による設計に対して、施工性等の観点から施工者の提案が行われることから、施工段階における施工性等の面からの設計変更発生リスクの減少が期待できる。
		施工者によって、設計段階から施工計画の検討を行うことができる。

註1 国土交通省「公共工事の入札契約方式の適用に関するガイドライン」2015年。

註2 国土交通省「多様な入札契約方式の活用に向けて」2017年。

註3 不調とは入札への参加者がいないなどの理由で、開札に至らなかったもの、不落とは開札には至ったものの、予定価格を超過しており、落札者がいなかったものをいう。

註4 国土交通省の資料では「設計・施工一括発注契約方式」「詳細設計付工事発注契約方式」が正式な名称として用いられているが、「発注」は注文を出すこと、「契約」は双方が合意して約束を交わすことであり、「発注」と「契約」は異なる意味を持つ。本書では「発注方式」と「契約方式」を使い分け、「設計・施工一括」と「詳細設計付工事」については「発注方式」と表記する。

註5 ECI（Early Contractor Involvement：アーリー・コントラクター・インボルブメント）は、早期（設計）段階から請負者（ゼネコン）を関与させることである。国外では、デザインビルドも含めた広い概念として用いられている。日本では、設計段階に対する技術協力だけをECIの対象としている。

2.3

発注者の役割と責務

公共工事の発注者が担う役割と責務

　国土交通省によれば、「発注者は、設計者、施工者等との契約において、発注条件を決定する権限を有しており、同時に決定に係る責任を負う」[1]。公共の発注者は、透明性・公平性を確保したうえで、それぞれの事業に最も適した設計者、施工者などを選定する。設計業務や工事監理業務の発注にあたってはそれぞれの業務内容について、工事の発注にあたっては設計図書にもとづいて適切な積算を行い、それぞれの工事内容に応じた予定価格を建築市場の動向を考慮して設定することが求められる。さらに、設計や工事の段階において発注条件を変更する必要が生じた場合には、事業部局と協議をし、公共工事としての品質、工期、コストの整合がとれたものとなるように変更内容を調整し、契約変更を適切に行うとある。要約すれば、設計者と施工者の双方に対し、発注条件を提示し、適切な予定価格を設定し、公正に受注者を選択し、契約変更を適切に行うことが公共工事の発注部局に課せられている主要な役割と責務である。

設計者の選定方式

　全国営繕主管課長会議[2]によれば、設計者の選定方式は、最もすぐれた設計案を選定する**設計競技（コンペ）方式**、技術提案書の提出を求め、技術的に最適な者を設計者として選ぶ**プロポーザル方式**、入札額と技術提案との総合評価により、最も評価点の高い者を設

計者として選ぶ**総合評価落札方式**、入札額が最小の者を設計者として選ぶ**価格競争方式**（設計入札）、競争させることが不利益になる場合に発注者が任意に特定した者と契約する**随意契約**方式[3]に分類される。

　国土交通省は、設計料の多寡による選定方式で設計者を選定すべきではなく、設計業務の内容に最も適した設計者を選定することがきわめて重要と明言している[4]。業界団体や学会が参加した公共建築設計者選定支援協議会も同様に、設計入札以外の選定方法を推奨する提言を出している[5]。設計業務報酬の価格競争が成立する根拠がないままに価格競争を安易に選択することは、建設業界の疲弊につながるというのが理由である。

設計者の選定

　全国営繕主管課長会議の実態調査には、2016年に発注された公共施設の新築設計業務における金額や件数の割合が[図2-5]のように示されている[6]。都道府県・政令指定都市、市町村区ともに、プロポーザル方式が金額ベースで約半数、件数ベースで価格競争方式が大多数を占めている。プロジェクトの規模が大きいほどプロポーザル方式に、規模が小さいほど価格競争方式になりやすいことがわかる。改修や修繕のように仕様が決まっており工夫の余地が少ない設計業務だとしても、価格競争を偏重しない設計者選定の方式の広まりが急がれる。

　一方で、設計競技（コンペ）方式は、都道府県・政令指定都市で0.5%（1件）、市町村区で0%（0件）と、ほとんど採用されていない。この方式は、実績がなくとも優秀な建築家を発掘する大義がある反面、選択した設計案で建設した建物を改修する段階でデザインやコンセプトを変更しづらいという問題をあわせ持っている。一方、随意契約方式は、都道府県・政令指定都市で2.9%（6件）、市町村区で3.9%（15件）の実績であった。この数字には、実績のある建築家のブランド力による、施設への集客への期待が現れているのかもしれない。

ゼネコンの設計関与への流れ

　2019年に、建築士事務所の開設者がその業務に関して請求することのできる報酬の基準を改正した「告

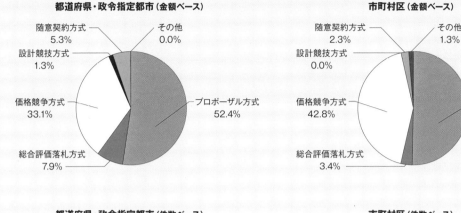

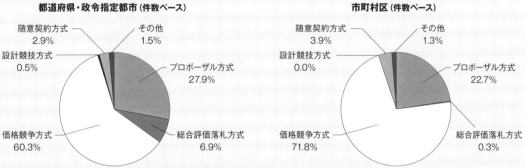

[図2-5] 新築設計業務で採用している設計者選定方式の割合

示第98号」が公布・施行された。この改正では、設計の一部の業務のみを行う場合の報酬に対応し、複雑で規模の大きなプロジェクトほど設計者が多様な入札契約方式を受け入れやすい環境が整備された。

公共建築の発注部局は、公共建築工事標準仕様書、公共建築工事標準単価積算基準、公共建築工事内訳書標準書式、公共工事標準請負契約約款などの基準や標準にしたがい、所定の品質や適正な工期を確保したうえで、設計を確定させ、予定価格を設定する。規模の大きなプロジェクトでは、事業企画、要求水準の取りまとめや予算確保にかかわる業務、公募や入札の要件策定、およびその評価方法、設計段階のコスト管理などを、発注部局だけで対応することが難しい場合もある。また、工期に制約がある場合、競争入札でゼネコンを選定するよりも設計と施工を一括して発注するほうが、要綱作成や公示、審査、選抜などの手続きにかかる期間を短縮できるという意見もある。この場合、設計の確定度が高まることで、発注者もゼネコンも建設コス

トにからむリスクを低減できる。

新築だけでなく修繕や改修も含めて構法や工法が進化している今日の建築プロジェクトでは、妥当な**目標価格**の設定や公平性を確保する技術や能力が発注者に求められている。以上のことをふまえると、発注方式の多様化では、ゼネコンの設計への関与の仕方というよりも、設計者の選定のあり方が問われているのかもしれない。

註1　国土交通省大臣官房官庁営繕部「公共建築工事の発注者の役割 解説書(第三版)」2021年。
註2　国土交通省、都道府県および政令指定都市をメンバーとして構成する会議体。
註3　国土交通省の資料では「特命随意契約方式」という言葉が用いられているが、「特命随意契約」は「随意契約」の一種であるため、本書では「随意契約」と表記する。
註4　国土交通省大臣官房官庁営繕部「質の高い建築設計の実現を目指して——プロポーザル方式」2006年。
註5　公共建築設計者選定支援協議会「公共建築の設計者選定方法の改善についての提言」2003年。
註6　全国営繕主管課長会議「官公庁施設の設計業務に関する実態調査の結果」2017年。

2.4

プロジェクト発注における発注者の支援

発注者のなかの専門家

『CMガイドブック 第3版』[1]によれば、建設プロセスは「事業構想」「基本計画」「基本設計」「実施設計」「施工」「維持管理」の6ステージに分けることができる。そのなかで、「事業構想」と「基本計画」のステージを取りまとめるのは発注者に課された役割である。発注者のなかでも、開発事業を生業とするデベロッパー、製造施設の改修や拡張を継続している製造業、チェーン店を展開している物販業などは、営繕の専門部門を設置しているのが一般的である。一方、病院、大学など、新築や改修工事を継続して発注する必要のない発注者は、施設管理や保全業務の担当部門があるにしても、そこに建築プロジェクトの専門家が従事しているとは限らない。後者の組織構成で「事業構想」と「基本計画」をどのように進めるのかが課題である。

事業構想

事業構想のことを「建築企画」と位置づける考え方がある。日本建築学会による『建築企画論』[2]では、建築企画を「事業主体の事業目的を実現するために、もろもろの外部条件をふまえつつ、事業上必要な、建築にかかわる諸手段の基本方針を検討し、決定すること、あるいはその決定された諸手段の内容をいう」と定義している。建築企画では、事業性を評価するために次の項目を検討する。

・実施可能性の評価：運営維持に要する費用を含めた施設投資評価と経営陣の承認
・環境アセスメント：土壌汚染、自然環境、住環境、周辺環境
・投資の収益性評価：収益還元法
・アセットマネジメント：保有する施設資産の不動産戦略
・予算計画・確保：経営陣の承認
・ファイナンスの検討：企業融資、プロジェクト融資、ファンド、**PFI**など
・事業用地の確保・手続き

このような検討を、建築プロジェクトの専門家でない人材がまとめるのは難しい。例えば、現状の課題の整理、アイデアの空間構成への翻訳、補助金の活用などを含めたファイナンス構想、**ホールライフ・コスティング**[3]など、発意したプロジェクトの意義、目標、妥当性を建築的な視点で明らかにする専門知識は多岐にわたる。

基本計画

事業構想あるいは建築企画で建築にかかわる基本方針を決定したあとに、設計に対する要求水準を定義する「基本計画」がある。具体的には、必要諸室の洗い出しやそれらに求める性能・仕様、平面計画、外装のデザインとその仕様、基礎の考え方、空調や電気設備のシステム的な仕様、工程、開業日などを検討して概算見積りを行い、予算を確定してコスト計画を立案する。

基本計画でイメージを具体化するほど、設計者に示す与条件を明確にできる。そのことは、誰に設計業務を委託するかという多様な発注契約方式を選択しやすくする。基本計画は、機能の縦配置（スタッキング）や水平配置（ブロッキング）など、基本設計の領域に踏み込んで取りまとめるのが望ましい。さらに、法的要件の確認、施設全体や各諸室のグレード設定、ランドスケープの計画、主たる設備システムの計画、外部環境や経済的なリスク評価などの検討を加え、竣工までの概略工程を計画し、目標価格を設定し、プロジェクトの**要求水準書**を整備する[図2-6]。

発注者を支援する専門家

発注者の組織にプロジェクトマネジメントの専門

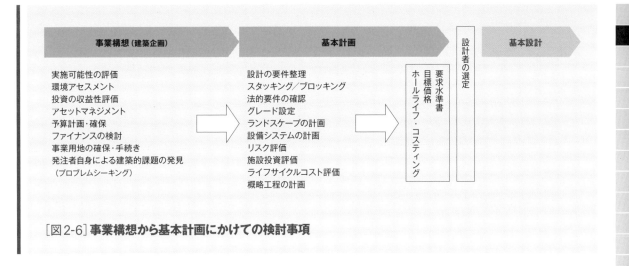

実施可能性の評価
環境アセスメント
投資の収益性評価
アセットマネジメント
予算計画・確保
ファイナンスの検討
事業用地の確保・手続き
発注者自身による建築的課題の発見
（プロブレムシーキング）

設計の要件整理
スタッキング／ブロッキング
法的要件の確認
グレード設定
ランドスケープの計画
設備システムの計画
リスク評価
施設投資評価
ライフサイクルコスト評価
概略工程の計画

要求水準書
目標価格
ホールライフ・コスティング

[図2-6]事業構想から基本計画にかけての検討事項

家がいない場合、事業構想や建築企画、基本計画の支援を外部に仰ぐことになる。それを誰に相談するかによって、基本設計の委託先がおおむね決まる。基本設計業務の委託先の選択について助言を得たい場合には、そのプロジェクトに課された制約を明確にしたうえで**PM**（プロジェクトマネジメント）や**CM**（コンストラクションマネジメント）など発注者支援のコンサル会社に相談することになる。具体的には、発注者の目標価格やホールライフ・コスティングと施設の開業時期やデザインに対する要求のバランスを実現できる発注契約方式を選定する。要求水準書にもとづいた設計業務委託の内容をコントロールできるのは発注者の他にいない。

デザインビルド[4]は、建物に対する仕様が明確で、工事予算に制約があり、短期間での施設整備が求められている場合に有効な手段とされる。近年、自治体の発注でもこの採用が増えている。そのなかでも、基本設計から設計と施工を一括で発注する場合は、総合評価落札方式でゼネコンを選択するのが一般的である。発注者は、それが価格に傾注した競争とならないように要求水準を具体的に設定し、一揃いの参考図書を作成する必要がある。また、ゼネコンが工事における利益を設計でつくり込むような不透明性を防ぐには、工事費と報酬を分離する実費精算契約[5]とするのが望ましい。実費精算契約では、工事費が適切に使われているか、すなわちゼネコンと専門工事会社の間の契約や支払いがどう行われているかをモニタリングする**オープンブック方式**を併用するのが一般的である。また、リーズナブルな工事費を導き出すために、**VE**（バリューエンジニアリング）による目標価格から最終的な工事費の減額分を発注者と

ゼネコンで分配する「インセンティブ」の設定が欠かせない。

このような仕組みを実践するためには、要求水準書の作成時に予定価格を高い精度で算出することや、総合評価における評価項目の適切な設定が重要となる。しかし、長きにわたり設計・施工分離方式[6]の一般競争入札を基本としてきた自治体にこのような方法を熟知している人材は少ない。そこで、デザインビルドの採用では、設計者を選定する前の基本計画の段階からさまざまな条件を考慮した発注の仕組みをつくり込む「事業準備」を支援するコンサルタントが必要となる。

註1　日本コンストラクション・マネジメント協会『CMガイドブック 第3版』水曜社、2018年。

註2　日本建築学会『建築企画論』技報堂出版、1990年。

註3　ライフサイクルコストを包含する概念で、施設資産のライフサイクルにかかる支出と収入をあわせて評価する考え方。

註4　本書では、「設計施工一貫方式」「設計・施工一括発注方式」「詳細設計付工事発注方式（実施設計付施工方式ともいう）」を包含する概念として「デザインビルド」の言葉を用いる。

註5　コストプラスフィー契約ともいう。

註6　「工事の施工のみを発注する方式」の略称として「設計・施工分離方式」という言葉を用いるのが一般的である。海外では「Design Bid Build（デザイン・ビッド・ビルド）」と呼ぶ。

3.1
事業構想を
評価する
事業予算の計画

予算計画

発注者の予算は基本設計に対する要求条件のひとつであり、企画と基本計画のなかでつくり込まれる。以下は、日本ファシリティマネジメント協会 (JFMA) のガイド[1]に記載されている企画と基本計画における発注者の業務である。JFMAによれば、企画の段階は、基本方針の作成、実態の把握、要求条件の作成という3つのプロセスで構成される。

基本方針とは、プロジェクトの目的、目標、関連要件、実行計画をまとめたものである。経営の視点から目的を明確に示し、根拠を示したうえで数値化した目標を設定する。施設の将来構想や経済状況の変化に対する方策など関連要件を検討し、実行計画を立案する。実行計画とは、プロジェクトの推進に必要な実行体制、実行スケジュール、管理方法、実施予算などをまとめたものである。実行計画の一部をなす実施予算は、過去のプロジェクトを参考とした概算から始め、予備費、家具什器、情報通信関連費、特殊設備費などをどこまで予算に組み入れるのか経営者や関係部門と調整する。

実態の把握とは、利用者の評価と改善事項の分析、施設標準、制約条件、**ベンチマーキング**、社会動向、コストやスケジュールに関する外部の調査などを指す。調査では、現状評価から問題を把握するだけでなく、現状評価で把握しきれない問題も把握する。

要求条件は、経営者、利用者、関連部門、FM部門などの要求にもとづいて、施設の用途、規模、時期、予算、グレード、プロジェクトの管理方針などを整理し、基本方針、解決すべき課題の優先順位、法規制、制約条件、FM標準、関連する全社方針などの判断基準でフィルタリングして作成される。

基本計画では、これらの要求条件を明文化した与条件をまとめる。与条件には、建物の考え方、イメージ、機能要求条件、目標予算、スケジュールなどを含む［表3-1］。この段階における目標予算は、資本的支出の予算、経費の予算、営業外損益の予算に分類される。資本的支出の予算は貸借対照表に計上される有形固定資産や無形固定資産、経費の予算は損益計算書の販売管理費に計上される費用、営業外損益の予算は損益計算書の営業外損益に計上される費用が該当する。

事業評価

目標予算の作成と同時に、その妥当性を評価する必要がある。財務的な視点では、投資資金の回収期間を算出する投資期間法 (PBP)[2]、投下資本に対する利益を算定する投下資本利益率法 (ROI)[3]、将来時点のキャッシュフローを現在価値で評価する正味現在価値法 (NPV)[4]、キャッシュインフローの現在価値と投資額の現在価値が等しくなる割引率を算定する内部利益率法 (IRR)[5]などの投資評価手法を用いる。近年は、投資と回収の関係だけでなく、建設費に運用費用、保全費用、解体処分費用を加えた**ライフサイクルコスト** (LCC)、それに地域経済と関連した外部性、賃貸料などの収入、非建設費用を加えたホールライフ・コスティング (WLC) など、建築技術の観点で事業性を評価する機運が高まりつつある［図3-1］。

投資家が世界中に散らばった投資案件を最適な状態で管理するためには、情報の一元化が重要である。そのためには、国際財務報告基準 (IFRS)[6]と連携して建物のLCCをマネジメントする枠組みが必要である。国際建設測定基準 (ICMS)[7]は、あらゆる施設のLCCを分類、定義、測定、記録、分析、提示するための国際規格である。ICMSは、不動産取引などにも応用できるように国際不動産面積測定基準 (IPMS)[8]に紐づけられるようになっており、不動産評価を通してIFRSとつながる。建物のLCCが不動産や会計に結びつく仕組みを理解することで、グローバルに広がる投資案件を共通の尺度で評価することが可能となる。

[表3-1] 設計者選定に向けた与条件の項目

プロジェクトの内容	目的、用途、機能など基本的事項
収容人数	業務種別、部門別、男女別、将来の増減予想
必要面積	有効面積、用途別、部門別、将来の増減予想
各所要室の特徴・使用勝手	一般オフィスの執務空間
	部門要求特殊室(資料室、倉庫など)
	共用諸室(ロビー、食堂、会議室、応接室、倉庫など)
業務関連図	部門間の連携状態、近接関連度など
品質・性能レベル	ICT設備のレベル、明るさや温度差、環境保全、セキュリティ、バリアフリーなど
特有な配慮	敷地利用の考え方
	ライフサイクルの考え方
	建築、インテリアデザインの考え方
	構造や設備に関する考え方
見積条件	目標予算
スケジュール	完成目標時期
付記	定義(面積関連、予算書の項目など)
	標準規定(建築仕様、面積標準など)

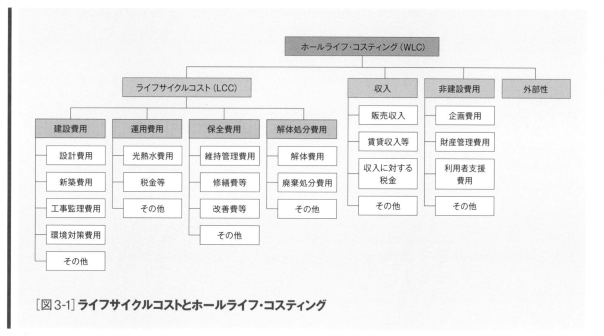

[図3-1] **ライフサイクルコストとホールライフ・コスティング**

註1　FM推進連絡協議会『公式ガイド ファシリティマネジメント』日本経済新聞出版社、2018年。

註2　Payback Period Methodの略。

註3　Return On Investmentの略。

註4　Net Present Valueの略。

註5　Internal Rate of Returnの略。

註6　The International Financial Reporting Standardsの略。

註7　International Construction Measurement Standardsの略。

註8　International Property Measurement Standardsの略。

3.2
工事費の
概算と
コストマネジメント

コストマネジメント

　建築プロジェクトで発注者の要望に対して最適な品質・コストを実現するためには、基本設計段階のコストマネジメントが重要になる。全体工事費の80%は、設計が20%進んだ段階で確定するといわれており、工事費の変動要因は基本設計の段階で多くの部分が確定する。建物の基本的な内容がほぼすべて確定する段階で、ターゲットコストと設計内容の整合性を検証し、設計のアウトラインを固めていく。そのあと、主要な設計内容の大部分が確定する段階で、基本計画段階で整理された内容とその後の変化を確認し、実施設計に移行する[1]。**コストマネジメント**とは、建築プロジェクトの目的やニーズに対して、最適な品質とコストを実現するための統合的かつ継続的なコストの管理活動であり、実施項目は下記のように定義できる。

①　コストプランニング
②　コストのモニタリング
③　基本設計の実施状況確認
④　基本設計の内容確認

コストマネジメントのための概算手法

　コストマネジメントの実施方法や内容は、その基本となる概算工事費の算出方法や内容に左右されるため、実施内容に適した概算工事費の算出方法を選定する必要がある。建築プロジェクトで基本設計の初期段階に適用可能な**概算**の算出手法は、次の三つの方法がある。

①　平米・坪単価算出法：類似建物の延床面積あたりの単価（平米・坪単価）を選定し、基本計画の内容に合わせて単価を補正し工事費を算出する。ただし、プロジェクトの特性を工事費に反映するのが難しい。

②　工種・大項目別算出法：類似事例を参考に、工事費の項目別の延床面積あたりの単価（平米・坪単価）を設定し、基本計画の内容に合わせて単価を補正し工事費を算出する方法。プロジェクトの特性を工事費に反映することは可能であるが、詳細な違いまで反映することは難しい。

③　小項目別算出法：部位別、**部分別**、**工種別**に小項目を設定し、項目ごとに単位数量と複合単価を設定し工事費を算出する。図面や仕様がない基本計画においても、延床面積、各階面積、用途別面積などから小項目を推測して概算工事費を算出するので、プロジェクトの特性を詳細に反映させた工事費を算定できる。

　基本設計の初期段階では、設計情報が限定的なこともあり、平米・坪単価算出法が多く用いられてきた。しかし、このような概算による金額が事業予算を超えた場合、その後の調整をどのように図るのかが見通せない。プロジェクトおよび建築物の特性とコスト配分の特性を統合的に分析して事業成立の意思決定を行うためには、設計の初期段階においても疎密度の判断はあるものの、項目と数量を一定範囲で積み上げる概算手法が望ましいとされる[1]。

コストプランニングの実施方法

　小項目別算出法を適用すると、部位別・部分別に概算工事費を算出できる。部位別・部分別に概算工事費を把握することで、コストシミュレーションや比較検討など、設計の初期から実施設計完了まで継続的な工事費の確認が可能となる。この概算工事費を目標予算や条件に合うように設定することを**コストプランニング**という。コストマネジメントは、コストプランニングに対するモニタリングやレビューであるので、**CMR**（コンストラクションマネジャー）のような第三者を採用するのが望ましい［図3-2］。ただし、コストプランニングの内容がおおざっぱであるとコストマネジメントの意義が薄れてしまうので、発注者は小項目別算出法によるコストプランニングを設計者に求

実施区分	実施内容	基本設計		
		初期段階	検討段階	終了段階
設計者	設計段階	要求条件	設計検討 変更案・比較案の検討	基本設計案　概算工事費
	コストプランニング	目標工事費算定	検討内容の概算工事費算出 変更案・比較案の概算工事費の算出	
CMR	コストのモニタリング	目標工事費の内容確認	変更案・比較案の概算工事費の内容確認 検討内容の概算工事費の内容確認	
	設計のモニタリング	要求条件との整合性確認	変更案・比較案の内容確認・決済支援 検討内容の内容確認	
	基本設計の実施状況確認		レビュー	
	基本設計の内容確認			基本設計図書内容確認　概算工事費の内容確認

[図3-2]コストマネジメントの実施フロー

めることが重要である。

　設計者によるコストプランニングは、基本設計初期段階の「目標工事費算定」、検討段階における「検討内容の概算工事費算出」「変更案・比較案の概算工事費の算出」に大別される。以下に、小項目概算法を活用したコストプランニングの実施方法について[図3-2]の各項目と対比しながら説明する。

1)　基本設計初期段階の目標工事費算定

　基本設計に着手する時点で、発注者の要求水準書にもとづいて設計者の目標工事費を算定して発注者と合意する。工事費算出の根拠となる数量の算出方法は、①基本計画の延床面積、部分別面積、用途別面積から設定する方法、②発注者の要求事項や計画条件から各項目を歩掛りで設定する方法、③各諸室や空間の要求面積から歩掛りで数量を設定する方法がある。これらの方法では、面積の代わりにその小項目を代表する「代表数量」が用いられることもある。代表数量の例として、建具、ガラス、シーリングなどの数量を「開口部面積」に対する歩掛りで設定することがあげられる[2]。単価については、類似建物の複合単価（歩掛りに資材単価・労務単価・機械器具費・仮設材費の単価を掛けて数値化し、諸経費を加えたもの）を基準に、要求事項や計画条件に合わせて補正して設定する。

2)　検討段階における検討内容の概算工事費算出

　基本設計の検討内容に合わせて、基本設計初期段階の目標工事費を更新、補正して算出する。算出項目の更新と補正は、目標工事費の算定で設定した項目を設計検討内容に合わせて追加したり細分化したりする。この更新と補正は、基本設計検討の進捗に合わせて数量や歩掛りを補正する方法と、仕様が決まり数量積算が可能となった項目を元の推測値に置き換える方法を組み合わせる。

3)　検討段階における変更案・比較案の概算工事費算出

　検討段階では、基本計画からの変更や複数の設計案の比較が避けられない。その際に、変更案や比較検討案を発注者が評価できるように、概算工事費を算出する。概算の方法は、元の基本計画で算定した目標工事費の項目を、変更・比較検討内容に合わせて変更する。発注者が正しい評価をするために、目標工事費を小項目概算法で算定しておくのが望ましい。小項目の数量や単価を発注者や設計者と共有できるようになれば、概算工事費の算出のテーブルを検討に活用できる。

コストデータベースの活用

　部位別・部分別の概算工事費算出に利用する

歩掛りおよび複合単価は、プロジェクトのコストデータベースを構築して利用する。コストデータベースは、当該プロジェクトで採用する概算の算出手法に合わせて項目を設定し、類似物件の実績データを参考に、歩掛りや単価の基準値を準備して構築する。概算項目の設定は、概算手順と逆の流れで戦略的に定義する。したがって、コストの専門家の能力に依存しやすい。[図3-3]の左側に、コストデータベースの構築手順を示す。

① 概算の算出手法に合わせてコストデータベースの集計項目を設定する。

② 集計項目ごとに代表的な材料や工事仕様を設定する。

③ 代表的な材料や工事仕様に対して過去の実績から複合単価を設定する。

④ 集計項目の数量に関連性の高い基準面積や数値（部屋の周長や外壁面積など）を設定する。

⑤ 基準面積や数値に対し、代表的な材料や工事仕様の歩掛りを設定する。

概算工事費の重要性

基本設計の検討段階では、基本設計の初期段階に設定した概算工事費と対比させながらコストマネジメントをする必要がある。その対比は、初期段階と検討段階で概算工事費の総計を比較するだけでなく、設計の進捗にしたがって詳細化される基本設計の内容や工事仕様をコストデータベースの設定内容と対比しながらコストや設計内容を確認していく流れとなる。そのマネジメントの手順を[図3-3]の右側に示す。

コストマネジメントの実施項目

CMRによるコストマネジメントとは、建築プロジェクトにおける発注者の目的やニーズに対して、最適な品質かつコストを実現するための設計コントロール活動といえる。その目標は、基本設計に対する要求水準書を基準として、発注者が最適な意思決定をできるように支援すること、設計者に対して、要求水準にマッチした品質やコストの検討方針を提示すること、および基本設計をロスなく進捗させるためにコストの確認を随時行うことである。

コストマネジメントにおける発注者、CMR、設計者の役割を[表3-2]に示す。設計者は、発注者の要求事項に自身が実現したいコンセプトを擦り合わせて設計の方針を承諾する。CMRは、設計者が提示するコンセプトと発注者の要求水準書を照合し、必要に応じて設計者に修正などを依頼する。また、発注者の判断に関して有益となる事項について、口頭または書面により助言を行う。以下は、[図3-2]にもとづいたコストマネジメントにおけるCMRが実施すべき内容である。

1) 基本設計初期段階

設計者のコストプランニングでは、与条件にもとづいて設計の目標工事費を算定する。目標工事費は、設計検討の基準や指標とするために、小項目別算出法で部位別、部分別、工種別に数量を推測し、代表的な材料や工事仕様を設定して算定する。従来は、工事費データの集計・分析、部位別・部分別の数量や単価の設定に労力がかかっていたが、[図3-4]に示すBIMやAIの発展により容易になりつつある。CMRによるコストのモニタリングでは、目標工事費の内容が発注者の要求条件を適切に反映しているかを確認する。設計のモニタリングでは、目標工事費の算定内容と、発注者の事業予算の整合性を確認する。

2) 基本設計の検討段階

設計者のコストプランニングでは、設計の検討内容や変更・更新内容を確認できるように概算工事費を算出する。CMRによるコストのモニタリングでは、基本設計の検討内容が設計者の概算工事費に反映されているかを確認する。設計のモニタリングでは、設計者の検討内容と概算工事費について、検討の方向性が適切かどうかを確認し、発注者の意思決定を支援する。

3) 基本設計終了時

設計者は、基本設計案の概算工事費を概略数量積算で算出する。CMRは、工事費概算書と基本設計図書との整合性を確認する。加えて、基本設計の内容が発注者の要求水準書から逸脱していないかを確認し、その結果を発注者に報告する。加えて、施工性、コスト、スケジュール、品質、特殊仕様などの観点から設計内容に疑義が生じた場合は、設計者に伝えるとともに、その旨を発注者に報告する。

註1 日本建築積算協会『建築プロジェクトにおけるコストマネジメントと概算』日本建築積算協会、2013年。

註2 黒田隆男・田村誠邦・高橋照男『建築プロジェクトのコストプランニング』建設物価調査会、1993年。

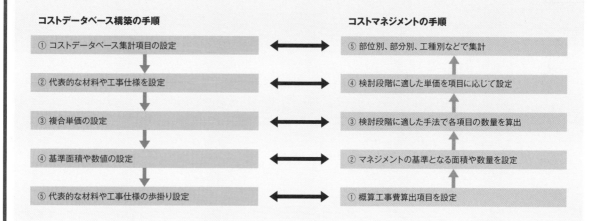

コストデータベース構築の手順

① コストデータベース集計項目の設定

② 代表的な材料や工事仕様を設定

③ 複合単価の設定

④ 基準面積や数値の設定

⑤ 代表的な材料や工事仕様の歩掛り設定

コストマネジメントの手順

⑤ 部位別、部分別、工種別などで集計

④ 検討段階に適した単価を項目に応じて設定

③ 検討段階に適した手法で各項目の数量を算出

② マネジメントの基準となる面積や数量を設定

① 概算工事費算出項目を設定

[図3-3] 概算工事費の集計・分析と概算工事費の関係

[表3-2] コストマネジメント実施区分と役割

実施時期	項目	役割分担		
		発注者	CMR	設計者
基本設計初期段階	発注者の要求事項の提示	提示	確認	承諾
	目標工事費の算定、内容確認	確認	助言	作成
	発注者の要求事項と工事予算との整合性の確認	確認	助言	作成
基本設計の検討段階	基本設計案の検討、検討内容の確認	確認	助言	作成
	設計検討案の概算工事費の算出、確認	確認	助言	作成
	変更案・比較案の検討、提案、方針決定	方針決定	助言	作成
	変更案・比較案の概算工事費の算出、確認	確認	助言	作成
	設計・コストレビュー	承認	確認	作成
基本設計終了時	基本設計図書の作製、内容確認	承認	確認	作成
	概算工事費の算出、内容確認	承認	確認	作成

[図3-4] BIMによる数量算出の例

BIMでは、入力した建物要素（BIMオブジェクト）の種類ごとに属性情報を集計できる。右図は、左図にあるBIMデータから、躯体の数量を、属性情報として入力したUniclass（建物情報分類）の項目をキーとして集計した例である

3.3

実施設計段階における積算

積算の概要

実施設計段階に行う**積算**とは、完成した設計図書にもとづいて、建設工事に使用するすべての材料を算出し、それらに単価を掛け合わせて純工事費を算出することをいう。例えば、公共の発注者は予定価格などを算定するために、ゼネコンは工事契約に用いる見積を作成するために積算を行う。発注者による積算は、発注者自身による場合と設計者による場合がある。いずれも、一般的な工法を想定して数量を計算し、刊行物などを参考に標準的な単価を用いることが多い。ゼネコンによる積算は、実際に採用する工法を反映し、専門工事会社の見積を用いることもある。採用する工法や施工計画、それらに影響を受ける建設技能労働者の工数や仮設計画は積算をする者の考え方で異なるため、同一の建物であっても発注者とゼネコン、相見積りをとるゼネコン同士で結果が異なる。

［図3-5］に示す工事費の構成のなかで積算の対象である純工事費は、直接工事費と共通仮設費で構成される。直接工事費は、部位別で算定した数量を工種別に組み替えて積算し、標準あるいは指定の内訳書式で見積書を作成する。数量は、「建築数量積算基準」や「公共建築数量積算基準」にしたがって精緻に拾い出すのが一般的である。また、ゼネコンは工種別に仕分けた積算データを各種工事の発注単位で再整理して原価を管理する。

共通仮設費は、仮設計画図があれば積み上げで数量を計算し、それがなければ過去の実績などにもとづいた料率を工事費に乗じて推測することが多い。工事請負契約後に当該工事の担当者が作成する実行予算では、仮設計画図と工程表にもとづいて資材の数量や使用期間を精緻に計算をする。

積算は、躯体、内装、外装、建具、外構、電気設備、機械設備、昇降設備に分けて行うのが一般的である。躯体、内装、電気設備、機械設備では数量計算に使用するソフトウエアも異なるし、外装、建具、昇降設備は、専門工事会社に見積りを徴取しなければ工事費の算定が難しい。単価については材料の市況、建設技能労働者の労務費、専門工事会社やメーカーの繁閑などで変わるため、工種ごとに材工共（材料費＋労務費＋機械経費＋諸経費）の価格で算定するのが一般的である。最後に純工事費に現場管理費や一般管理費などの諸経費を加えて工事価格となる。

積算と仕様の関係

積算を行うためには、建物を構成する各部に対する仕様が必要となる。仕様とは、各部位に用いる材料、その材質、サイズ、組み合わせ方、工事の方法などを具体的に定義したものであり、質問回答書、現場説明書、特記仕様書、図面、標準仕様書などに分散して記述されている[1]。これらから情報を集めてデータ化し、図面から拾う数値を用いて積算を行う。仕様は、部位や空間に求められる性能を満たす必要がある。要求性能の根拠は、建築基準法、都市計画法、消防法、省エネ法（エネルギーの使用の合理化等に関する法律）など多岐にわたる。要求性能と仕様が法に適合しているかをチェックするのが建築確認などである。

法にかかわらない部分の仕様については、発注者や設計者に判断が委ねられる。例えば、遮音性能、工事の出来栄え、メンテナンス性、防耐火の性能を求められない間仕切壁の天井裏部分にボードを張るか否かなどが該当する。また、技術者の観点で一般的に必要と思われる資材が設計図書に表記されていない場合、ゼネコンの積算担当者が設計者に質問書を用いて確認をする。設計者から返答される質問回答書の内容は、図面や仕様書よりも優先度が高い。それに加えて、施工者として知見を有する不具合事象のフィードバックを、質問回答書を通じて行う役割もゼネコンの積算や見積りの担当者が担っている。

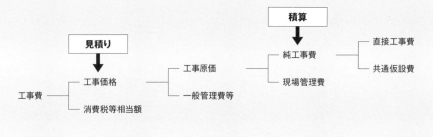

共通仮設費 ＝ 直接工事費に対する比率（共通仮設費率）により算定する費用
　　　　　　＋共通仮設費率に含まれない内容について、必要に応じ別途積み上げにより算定する費用

現場管理費 ＝ 純工事費に対する比率（現場管理費率）により算定する費用
　　　　　　＋現場管理費率に含まれない内容について、必要に応じ別途積み上げにより算定する費用

一般管理費等 ＝ 工事原価に対する一般管理費等比率（一般管理費等率）により算定する費用

［図3-5］**工事費の構成**（公共建築工事共通費積算基準）

仕様の設定

　要求性能と仕様の関係に最善解を提示するのは、設計者の役割とは限らない。米国では設計者から仕様書を記述する業務を請け負うスペックライターが専門職能として確立している。また、発注者が、設計に対する技術支援業務をゼネコンと契約し、ゼネコンのノウハウを仕様の検討に反映させることもある。発注者は、ゼネコンと総価請負契約を締結するために、設計や仕様の確定度を高めることに関心がある。米国のゼネコンや発注者は、建設費の振れ幅が小さくないと固定価格で工事契約することを避ける傾向がある。

　従来は施工段階に実施していた仕様の検討にかかる労力を設計段階にシフトすることをフロントローディングという。設計段階にVEを行うこともそれにあたる。また、システムキッチンや洗面化粧台など据え置き型の家具に隠れる部分にクロスなどの表面仕上げを施すか否かなど、細部の工事仕様を定義する業務が積算や見積りの担当者に委ねられていることも少なくない。

　事業計画を策定するうえで、建設費とLCCのバランスが投資回収率に影響する。発注者が、積算数量を中長期修繕計画や将来の改修工事で利用したり、工事費の実績を蓄積して将来の概算で利用したりするためには、仕様と工事費を関連づけた実績データを部位別に整理しておく必要がある。

内訳書の費目

　実施設計段階の積算は、部位別や部屋別で資機材の数量を計算する。その結果を内訳書の費目で再集計し、単価を掛け合わせる。内訳書は大別して部分別と工種別がある。官民共通の標準として位置づけられている『建築工事内訳書標準書式・同解説』[2]にも、部分別内訳書標準書式と工種別内訳書標準書式が記載されている。

　部分別内訳は、躯体は基礎躯体と地上躯体、外部仕上げや内部仕上げは部位のように、設計の考え方と一致する分類でコストマネジメントがやりやすい。工種別内訳は、土工、地業、鉄筋、コンクリート、型枠のように主として専門工事業の分類で専門工事会社からの見積り聴取がやりやすい。いずれの費目分類を用いても見積り上の総額は等しくなる。部分別と工種別を切り替えながら、コストマネジメントに役立たせることが重要である。

註1　優先順位は一般に、①質問回答書、②現場説明書、③特記仕様書、④図面、⑤標準仕様書とされる。

註2　建築工事内訳書標準書式検討委員会『平成30年版 建築工事内訳書標準書式・同解説』大成出版社、2018年。

4.1
請負における
プロジェクトリスク

建設工事における責任と裁量

　請負は「当事者の一方がある仕事を完成することを約し、相手方がその仕事の結果に対してその報酬を支払うことを約することによって、その効力を生ずる」と民法で規定されている。民法における請負人の契約不適合責任は、無過失責任（ゼネコンがその行為について故意・過失がなくても、損害賠償の責任を負う）が前提である。工事の請負契約では、災害時や大幅な物価上昇など不可抗力により問題が生じた場合の損害負担は発注者とゼネコンが個々の契約のなかで取り決めるものの、それら以外の事象については、請負人であるゼネコンが負担を負う部分が多い。不可抗力以外の原因によるコスト超過と工期遅延に対する責任を負うゼネコンは、専門工事会社の選定や調達に裁量を持ってプロジェクトをコントロールすることを請負契約の前提としている。

　しかし、工事期間中に発生する設計上の課題への対応や材料価格の変動などの不確実性を事前に見積もることは困難で、その分の費用を想定して工事金額に含まざるを得ない。この予備費的な費用は、工事期間中に問題が生じなかった場合は発注者に還元されない。この不透明さは、発注者側から見た場合にゼネコンに任せておけば大丈夫という安心を得るプラスの面を超えて、ゼネコンが過大な利益を忍ばせているのではないかと疑念をいだくマイナス面になることもある。こうした疑念は建設市場が縮小傾向の状況で強まる傾向がある。反対に、建設市場が拡大傾向にあるときは、工事を請け負ってくれるゼネコンを確保することが命題となり、工事費

に対して寛容になりやすい。いずれにしても、予備費的な費用が見積りに計上されていないことが課題のように思われる。

設計の不確定要素と建設コスト

　近年では、日本においても**コストプラスフィー契約**[1]とオープンブック方式を組み合わせて採用する事例も出ている。その場合、コストは実費として要する金額で発注者に承認された額となる。この方式では、設計の確定度が低い状態でも工事をスタートでき、最大保証金額（**GMP**：Guaranteed Maximum Price）[2]を設定することで、発注者が最終的な工事金額の上限を確定できる。

　しかし、これまでに述べている通り、責任と裁量は切り離せない関係である。従来の請負契約であれば専門工事会社の選択などゼネコンでコントロールできた範囲が限定され、かつ予備的費用を請負金額に含むことができない。このスキームでは、GMPで保証する責任とオープンブック方式における裁量のバランスが重要である。つまり、設計の不確定要素を当事者間で共有・合意し、その費用を適切に評価した金額をふまえたうえでGMPを設定しなければ、公正な取引といえない。また、設計の確定度が低いままでGMPを設定したコストプラスフィー契約を締結するのでは、ゼネコンがリスクを引き取る請負契約と実質的に変わらない。コストプラスフィー契約の本質は、設計の確定度を上げることとリーズナブルな建物を得ることが同じ意味であることを発注者が認識し、発注者が自らの責任を遂行することである。

「リスク」と「責務」の意義

　一般に「リスク要因」とは、取引の前提とされた条件と生じた事象の乖離（例：土壌汚染、地中障害物、埋蔵文化財）や後発する事象（例：不可抗力、法令変更、インフレ）などの、外在的要因を指すものとしてとらえられる。「リスク分担」とは、このような外在的要因の発生で顕在化した損失と費用を当事者間でどのように分担するかの問題である。外在的な「リスク」を分類すると、［表4-1］のようになる。

　発注者の視点による発注契約方式の選択とは、当該事業にかかる品質、コスト、納期の向上に資することを企図して選択するものと理解される。これを法的に解釈すると、契約上の義務としてゼネコン側で何についてど

[表4-1] 外在的リスクの分類

リスクの分類	リスクの内容
政治的リスク	政権交代や政策方針の転換、法律や条例など規則の変更、税率の変更、通貨規制の変更、許認可の制度の変更や想定外の取得失敗や取得に時間がかかること
経済リスク	物価、金利、為替レートなど、経済指標の変動 （なお、ファイナンス手法や保険などを通じてある程度のリスクヘッジが可能であり、物価スライド条項などリスクを分担する契約手法もある）
社会リスク	学術的発見、公害が生じる、周辺住民の反対運動、用地取得の難航など
不可抗力リスク	自然災害、天候不順、戦争などの勃発、ゼネストの発生など
土地リスク	契約締結時に想定されなかった建設用地に係る物理的条件の発見

[表4-2] 各当事者の契約上の責務が適切に果たされないことなどによるトラブルの例

契約に内在するリスクの分類	トラブルの実務上典型的なケース
発注者起因	契約図書の記述ミスや矛盾、調査不足や設計要求段階でのミスによる設計変更、施工段階で発注者が施工者に与える不用意な指示、工事数量や工事の変更・追加、図面や指示の発給や承認の遅延、支払いの遅延、発注者の倒産
設計者起因	設計図面間での不整合、記述ミスによる見積り漏れ、設計に起因した基本品質の欠陥構造耐力（雨漏り、ひび割れ、剥落など）、設計マネジメントのミスによる工期遅延、施工段階で設計者が施工者に与える不用意な指示（設計変更など）、設計者の倒産
施工者起因	施工ミスなどによる施工対象の損傷、工事の完成部分が設計図書などの要求性能を満たさない性能不足、工事の欠陥による契約不適合、施工マネジメントのミスによる工期遅延、施工に起因して第三者に与える損害、労働災害、運転資金調達の難航、施工者の倒産
第三者に起因	同じサイトで施工する他の施工者からの妨害、下請会社や資材会社の倒産、設計・施工に使用する知的財産権の侵害（第三者の知的財産権を侵害していたため、当初想定の設計・施工を当該知的財産権を用いて行うことができなくなった場合など）

こまでコミットするか、その裏返しとして発注者側で何を自己の負担において対処すべきかを取り決める契約に内在する問題と解される。なお、各当事者がそれぞれ果たすべき義務を適切に履行しない場合や、契約上の義務の前提に離齬があった場合に生じ得るトラブルの実務上典型的なケースを[表4-2]にあげる。

　いずれの発注契約方式を採用するかによって、外在的要因に由来する損害などの危険の分担範囲のあり方が一義的に定まるわけではない。むしろ、どの発注契約方式であっても、外在的リスクはこれを最もよくコントロールできる当事者に負担させるのが原則である。したがって、発注契約方式に関する議論は、ゼネコンの債務不履行責任を問われる範囲の明確化に注力すべきである。ただし、関連するリスク要因と各当事者の責任範囲を事前にできるかぎり特定・抽出し、これに対応する当事者間での損失分担にかかる手続きと実体的な分配ルールの明確化が重要であることはいうまでもない。

註1　工事で要した材料費や労務費などの実費（コスト）と受注者の報酬（フィー）から最終的な工事金額を決定する方式で「実費精算方式」ともいう。一般に、コストは実費として要した金額で発注者に承認された額となる一方、受注者の報酬にあたるフィーについては、コストに対するパーセンテージで決定される。

註2　最大保証金額（GMP）が設定された工事契約では、ゼネコンが最終的な工事金額の最高限度額を保証し、その金額を超過した金額はゼネコンが負担する契約。一方、最終的な工事金額がGMPを下回った場合は、減額分を発注者とゼネコンでシェアするインセンティブを支払う場合もある。

4.2
建築プロジェクトの利益・リスク・責務

プロジェクトのパフォーマンスを阻害する要因

わが国の建設産業は、建築技術者と建設技能労働者の高齢化と減少に伴う「供給力の低下」と、国土強靭化や施設の更新に起因する「需要の増加」という、相反する課題を抱えている。前者は建設業界の構造的な問題であり、所与のものと考えざるを得ない。そのうえで双方の課題のギャップを埋めるにはプロジェクトのパフォーマンスの向上が必要だが、発注者とゼネコン間において下記に示すような阻害要因が想起される。

1)　潜在的な利害の対立

プロジェクトのオーナーである発注者と元請業者であるゼネコンが、双方の利益を最大化するインセンティブとリスク要因をどのように設定し得るかという問題。

2)　リスク負担または責務の偏在と不明確さ

当事者にとってコントロールが難しい事由が当該当事者のリスク負担または責務とされている場合や、本来協働して対処すべき事由が一方の当事者のみのリスク負担または責務とされている場合は、当該事由による問題が顕在化したときにプロジェクトの進行に支障をきたし、パフォーマンス低下につながるおそれがある。リスクや責務の分担が不明確である場合は、リスクの顕在化による損失や負担をどちらが負うべきか、という点をめぐって係争が生じ、パフォーマンスの低下に至りやすい。

3)　不十分な協力関係、業務範囲の硬直性

プロジェクトの規模や特性を十分にふまえずに、ゼネコンの業務内容や範囲が一律に柔軟性を欠くかたち

で設定されたり（その裏返しとして、発注者による施工にかかわるマネジメントへの関与が一切予定されないなど）、発注者とゼネコン間の協力が十分になされなかったりすることを契機として、パフォーマンスの低下につながることもあり得る。

パフォーマンス阻害要因の除去

プロジェクトのパフォーマンスを阻害する要因は、発注者とゼネコン間の利益・リスク・責務の適正な分配を通じて除去したり緩和したりする必要がある。また、このような利益・リスク・責務の適正な分配は、発注契約方式の多様化や契約内容の明確化、そのための議論の深化を通じて実現できる可能性が見えてくる。

1)　利益の適正な分配

各当事者の一方的な利益の追求を優先するのではなく、両当事者が協働してつくり出した利益を適正に分配するという発想への転換が求められる。その場合、プロジェクトに参加する当事者の選定を公平に行うための仕組みの整備が必要で、この仕組みにもとづいて発注することを透明性の確保という。

2)　リスクの適正な分配

リスクはこれを最もよくコントロールできる当事者に負担させるのが原則である。リスク分担の明確化により、利害対立が顕在化した際にあいまいな契約条項を双方が自らに有利に解釈・運用することで係争が生じる危険の除去や緩和が可能になる。しかし、日本の工事請負契約約款が多くの点であいまいさを残しているのは確かであり、協議条項の運用がうまくいかないとゼネコンに不利な帰結となりやすい。

海外の標準的な契約約款は、当事者間のリスク分担にかかる緻密な条項をおいており、工期の変更や代金の調整に関する具体的な手続きの規定を設けているケースが多い。例えば、取引の前提とされた条件の齟齬に関する契約段階での予見可能性について、調査・検証を行うことが想定される。契約段階で、関連するリスク要因を事前に可能なかぎり洗い出し、それらへの対応策やそれら以外のリスク事由が顕在化した場合の対応策を可能なかぎり契約書に落とし込む作業が重要になる。必ずしも海外の契約のほうが発注者に有利にできているわけでもないが、リスクの適正な分配に向けて、海外で行われている手続きと規定の事例は参考になる。

発注体制強化の対象		具体的な実施事項
発注体制の整備等	発注者自らの体制の整備	各発注者において、自らの発注体制を把握し、体制が十分でないと認められる場合には発注関係事務を適切に実施することができる体制を整備するとともに、国及び都道府県等が実施する講習会や研修を職員に受講させるなど国及び都道府県等の協力・支援も得ながら、発注関係事務を適切に実施することができる職員の育成に積極的に取り組むよう努める。国及び都道府県は、発注体制の整備が困難な発注者に対する必要な支援に努める。
	外部からの支援体制の活用	各発注者において発注関係事務を適切に実施することが困難であると認められる場合には、国及び都道府県による協力や助言等を得ることなどにより、発注関係事務を適切に実施することができる者の活用に努める。
		地方公共団体等において国及び都道府県以外の者を活用し、発注関係事務の全部又は一部を行わせることが可能となるよう、国及び都道府県は、公正な立場で継続して円滑に発注関係事務を遂行することができる組織や、発注関係事務を適切に実施することができる知識・経験を有している者を適切に評価することにより、発注関係事務を適切に実施することができる者の選定を支援するとともに、その者の育成・活用の促進に努める。
発注者間の連携強化	工事・業務成績データの共有化・相互活用等	技術提案の適切な審査・評価、監督・検査、工事・業務成績評定等の円滑な実施に資するため、各発注者間における要領・基準類の標準化・共有化に努めるとともに、その他の入札契約制度に係る要領等についても、その円滑かつ適切な運用に資するため、地域発注者協議会等の場を通じて、各発注者間における共有化に努める。
		最新の施工実態や地域特性等を踏まえた積算基準等の各工事や業務への適用が可能となるように、積算システム等の各発注者間における標準化・共有化に努める。また、新規参入を含めた事業者の技術的能力の審査を公正かつ効率的に行えるよう、各発注者が発注した工事・業務の内容や成績評定、当該工事・業務を担当した技術者に関するデータの活用に努める。
		工事・業務成績評定については、評定結果の発注者間の相互利用を促進するため、各発注者間の連携により評定項目、評定方法の標準化を進める。
	発注者間の連携体制の構築	各発注者は工事・業務の性格等を踏まえ、その成績評定に関する資料のデータベースを整備し、データの共有化を進める。

3）　責務の範囲に関する合意

これは、発注契約方式に最も直接的に結びつくポイントである。発注契約方式選択の際にファクターとなる観点としては、以下の事項が考えられる。

① 　プロジェクトの複雑度
② 　施工の制約度
③ 　設計の細部事項の確定度
④ 　工事価格の確定度
⑤ 　発注者の体制

　①～③は、これらの要因により、ゼネコンの技術を設計に反映する必要があると認められるかを探るものである。④は、現地の詳細な状況が把握できず、施工段階で相当程度の設計変更が想定される場合にかかわるものである。一般に、プロジェクト運営にかかわる裁量が多く付与されている当事者は、それに応じた責務を負う。⑤は、発注関係事務を適切に実施するための環境整備である。責務を全うするには分担する業務を遂行できる技術者が必要である。国土交通省大臣官房技術調査課がその指針を［表4-3］のように示している[1]。

設計変更と責任の負担

　建築プロジェクトは、プロジェクトの進捗につれて追加工事や設計変更が行われることがしばしばあり、むしろ途中段階での変更がない例はまれである。これは、発注・契約時点には予見できない要素（掘削してみないとわからない地盤の状況や天候不順など）によって設計やコストが変動するほか、発注・契約時点では詳細まで明確に決定できなかったことがプロジェクトの進捗につれて確定されていくことによって設計や工事コストが変動するからである。価格の透明性を確保するには、プロジェクトの進捗にともなって明らかになってくる変動要因を、あらかじめできるかぎり明確にし、変動が起きたときにどのように解決するのか、その手順やリスク負担ないし責任負担のルールを定めておく必要がある。

註1　公共工事の品質確保の促進に関する関係省庁連絡会議「発注関係事務の運用に関する指針」　（2015年1月30日／2020年1月30日改正）。

4.3

建設請負契約によるリスク配分の設定

契約手続きにもとづく紛争の解決

建築工事は、起こり得るすべての事象への対応を網羅した契約を用意することが容易でないため、不確実な事象に対する解決のルールを契約書に記述した「不完備契約」にならざるを得ない。最善の努力を行ったとしても起こり得る事象や契約当事者が故意に注意義務を怠った場合に生じる事象などの紛争解決は、「民間（七会）連合協定工事請負契約約款」の第35条補則に「この契約に定めのない事項については、必要に応じて発注者及び受注者が協議して定める」、「公共工事標準請負契約約款」の第62条（補則）に「この約款に定めのない事項については、必要に応じて発注者と受注者とが協議して定める」、日本建設業連合会の「設計施工契約約款」第61条補則に「本契約に定めのない事項については、必要に応じて発注者及び受注者が協議して定める」などと記載されている。日本では、発注者と受注者の甲乙協議で紛争解決を図るのが一般的である。

契約の内容

ここでの問題は、契約に何が含まれていて、何が含まれていないのかである。工事契約に必要な書類は、請負金額が示された請負契約書、工事請負契約約款、設計図書、請負代金内訳書、工程表であるのが公共工事では一般的である。

標準仕様書は、国土交通省大臣官房官庁営繕部の公共建築工事標準仕様書や、日本建築学会の建築工事標準仕様書が使われることが多い。それに記載されている項目と各種工事との対応や、標準仕様書に記載されていない内容を記したものを特記仕様書という。

「民間（七会）連合協定工事請負契約約款」の第1条総則には、「発注者と受注者とは、おのおの対等な立場において、日本国の法令を遵守して、互いに協力し、信義を守り、契約書、この工事請負契約約款及び設計図書等に基づいて、誠実にこの契約を履行する」とあり、さらに、第1条の2で、設計図書などについては「この工事のために必要な設計図面及び仕様書のうちこの契約に添付されたもの、現場説明書及びこれらに対する質問回答書をいう。ただし構造計算書及び設備にかかる計算書その他各種計算書は含まない」と定義されている。

公共工事においては、請負代金内訳書に法定福利費を明示し、工程表とともに発注者に提出し、その承認を受けなければならないが、それらは発注者および受注者を拘束するものではないと国土交通省のガイドラインに明記されている。また、民間（七会）連合協定工事請負契約約款委員会も、「本約款では、総価契約（ランプ・サム）を前提としていますので、個々の項目ごとに単価を示した請負代金内訳書は、意味を持たず、契約の一部を構成しません。」と明言している[1]。つまり、設計図書に変更がある場合は契約変更となるが、内訳書の変更は契約変更にならないと解釈できる。そのことは、契約変更とならない設計変更によるリスクへの対処を見込んだ請負金額を提示したり、設計図書の変更を伴わないコストダウンで内訳を調整したりできる余地を残しているといえる。

仕様書の海外と日本の比較

上述したように、総価請負契約を前提としている民間（七会）連合協定工事請負契約約款は、発注者が提示する設計図書の変更のみが契約変更の対象であり、受注者側にその立証責任を負わせていない。つまり、受注者は協議を申し込むことができるだけで、設計変更を把握して対応する能力は発注者側に備わっていることが前提である。このことは、工事仕様が成文化された「制定法主義的」な思想がベースになっている。

それに対し、国際建設契約で広く使われている

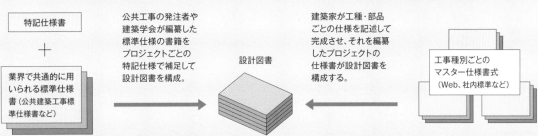

日本：業界共通の標準仕様書＋プロジェクト固有の特記仕様書
・設計図面に記載されている材料名で特記仕様書を確認し、標準仕様書にさかのぼって該当する章に書かれている条項を参照する
（さらにJISなどの製品規格を参照しなければならない場合もある）

欧米：マスター仕様をベースに、工事ごとの仕様書を建築家が作製
・工事や材料ごとに用意されたマスター仕様の内容をプロジェクトに合わせて修正
・修正した仕様書の分類番号を設計図面に記載し、部分と各仕様の関係を明示する

日本の方法（制定法主義的）

特記仕様書

＋

業界で共通的に用いられる標準仕様書（公共建築工事標準仕様書など）

公共工事の発注者や建築学会が編纂した標準仕様の書籍をプロジェクトごとの特記仕様で補足して設計図書を構成。

設計図書

欧米の方法（判例法主義的）

建築家が工種・部品ごとの仕様を記述して完成させ、それを編纂したプロジェクトの仕様書が設計図書を構成する。

工事種別ごとのマスター仕様書式（Web、社内標準など）

[図4-1] **日本と欧米における仕様書の違い**

FIDIC[2]契約約款は、契約変更の請求と立証の義務が受注者側にある。それが可能であるためには、契約の対象である設計図書のあいまいさが排除されている必要がある。[図4-1]に示すように、欧米における仕様書は、工事種別ごとの仕様書のマスター書式を用い、各工種や部品の性能、工事仕様、施工要領、検査方法などを詳細に記述してプロジェクトごとに仕様書を編纂する。その記述は、さまざまな規定、事例、製品仕様を参照するため「判例法主義的」といえる。また、各仕様につけられた番号を設計図面に記述し、仕様と部分を一対一で紐づける。そのため、日本の共通仕様書と特記仕様書の組み合わせのように、設計図面と特記仕様書の関係を受注者側が読み解いて、特記仕様書から標準仕様書にさかのぼり、標準仕様の各章や各種の規格との関係を参照しながら解釈する際に生じるゆらぎが起こりにくい。また、具体的な製品にもとづいて仕様を記述するため、日本の特記仕様書によく見る「同等品」のようなあいまいさはない。

方式の特徴を整理することにより、事業内容や設計・施工上の諸制約条件などに応じた発注方式の選択を容易にし、当該事業にかかる品質、コスト、納期の向上に資することを企図したものと理解される。これを法的に見ると、外在的要因による損害などを発注者・施工者間でどのように分担するかという問題というよりは、そもそも、契約上の義務として施工者側で何についてどこまでコミットするのか、その裏返しとして発注者側で何を自己の負担において対処すべきなのか、という契約に内在する問題と解される。各当事者がそれぞれ果たすべき義務を適切に履行しない場合や、契約上の義務の前提に齟齬があった場合に生じ得るトラブルとリスクは分けて考える必要がある。

註1 民間（七会）連合協定工事請負契約約款委員会「講習会でのQ＆A」（2021年12月24日ウェブサイト閲覧）。

註2 FIDIC（Fédération Internationale des Ingénieurs-Conseils：国際コンサルティング・エンジニア連盟）が発行している標準約款で、国際建設契約約款として多くのプロジェクトに使用されている。

リスクとトラブル

プロジェクトにおけるリスクは、工事の契約前と後に分けて考える必要がある。発注契約方式に関する議論は、本来的には、設計者やゼネコンが請け負う業務の内容や範囲（その裏返しとして発注者が対処すべき事項の内容や範囲）にさまざまなバリエーションがあることを認識し、各

4.4

請負契約の
リスクと
商習慣上の責務

工事請負契約に特有のリスク

　民法で請負人の契約不適合責任は「無過失責任」である。そのため、工事請負契約は、発注者に比してゼネコンに配分されたリスクが多いという見方もできる。しかし、実際の商習慣に照らし合わせると、一概にそうとも言い切れない。無過失責任についてはこれまでも、個々の契約のなかで何らかの制限を設定することが一般的である。例えば、「民間（七会）連合協定工事請負契約約款」では、ゼネコンが善管注意義務を果たしている場合の外在的なリスクの顕在化による損失は発注者が負担する[1]。また、建設工事でゼネコンは、製造業の企業と違い、需要予測を見誤って在庫を抱えるようなリスクがない。建設工事は、具体的な物件があり、それに対する工事請負契約を締結してから施工計画や資機材調達が開始されるので、プロジェクト単位の収益を予測しやすくリスクの少ないビジネスモデルという見方もできる。

　発注者には、工事請負契約に特有のリスクがある。この契約は、完成物のない段階で取り交わすため、発注者が期待する完成物の品質とゼネコンが想定する品質に見解の差が生じる場合もあり得る。その場合、工事期間中や引渡し時に発注者とゼネコンの間で衝突が起きる。施工品質やデザインなど定量的かつ客観的に評価しにくい事項について、発注者とゼネコンの共通理解をいかにつくれるかが工事請負契約の要点になる。

契約変更に関するリスク

　工事請負契約後の設計変更や不測の事態などへの対応について正当な対価を得られない可能性もゼネコンが抱えるリスクのひとつである。例えば、予期せぬ地中障害の存在など不測の事態が生じた場合、本来は、それに対応する前に、発注者にその内容、起因者、概算工事費などを提示して契約変更の手続きを経てから進めるのが原則だが、そのような手続きを踏まずに対応することも珍しくない。その理由として、プロジェクト全体での増減金額の見通しと、ある一部分のコストの増額の兼ね合いを、評価するのが難しいことがあげられる。そうしたことから日本の建築プロジェクトでは、明確な合意に至らないまま見切り発車で不測の事態に対応する工事に着手をし、ゼネコンが竣工間際に請負金額増額の交渉をまとめて行うケースもあるようである。その場合、総価請負契約の範囲での変更や追加なのか、契約変更の対象となる工事なのかが竣工間際にならないと確定しないリスクが双方に存在する。[図4-2-①]。

　同時に、VEや設計変更の検討に要した労力や提供した技術についての対価もあいまいな場合が多い。工事に至らずとも、検討の人件費、試験費、試作費などは発生するが、その費用はその変更が採用されなければ支払われないケースもある[図4-2-②]。また、各主体者の責務の範囲に対する認識が相違している場合には、[表4-2]（P. 041）に例示するようなトラブルが生じやすい。すなわち、設計図書の確定度が低く、契約後に詰めなければならない積み残しの事項が多いほど、発注者もゼネコンもより多くの潜在的なリスクを抱えていることになる。

商習慣に潜在するリスク

　工事請負に関するもうひとつの課題として、契約に定める範囲を超えた責務を、ゼネコンが商習慣的に負っている可能性をあげることができる。そもそも日本の契約書や仕様書は、欧米と比べて解釈に幅があり、問題が発生したあとの協議に判断を委ねている部分が多い。このような契約は、経済の成長期に、ゼネコンが継続的な受注と変更や追加への対応による粗利益[2]の増加を期待して、あるいは発注者の事業環境の変化に対応しやすいように、商習慣上の常識として醸成されてきたと

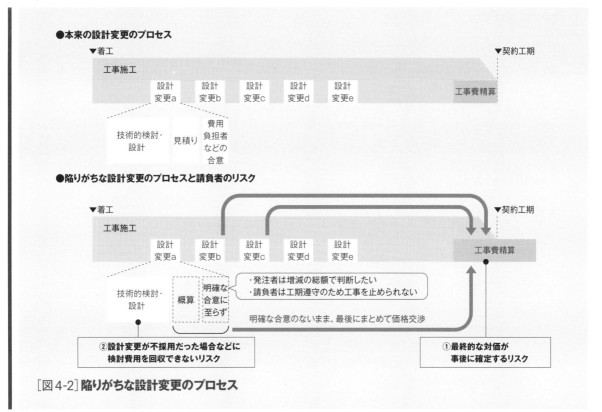

●本来の設計変更のプロセス

▼着工　　　　　　　　　　　　　　　　　　　　　　　　　　　　　　　　▼契約工期

工事施工

設計変更a　設計変更b　設計変更c　設計変更d　設計変更e　　　　　工事費精算

技術的検討・設計　　見積り　　費用負担者などの合意

●陥りがちな設計変更のプロセスと請負者のリスク

▼着工　　　　　　　　　　　　　　　　　　　　　　　　　　　　　　　　▼契約工期

工事施工

設計変更a　設計変更b　設計変更c　設計変更d　設計変更e　　　　　工事費精算

技術的検討・設計　　概算　　明確な合意に至らず

・発注者は増減の総額で判断したい
・請負者は工期遵守のため工事を止められない

明確な合意のないまま、最後にまとめて価格交渉

②設計変更が不採用だった場合などに
検討費用を回収できないリスク

①最終的な対価が
事後に確定するリスク

[図4-2] 陥りがちな設計変更のプロセス

いう見方もできる。

　日本のゼネコンは、組織内に設計部門や技術研究部門を有しているため、設計上の不備や将来的に生じる可能性のある不具合を予見することができる。また設計者に成り代わり、代案の作製や発注者の意思決定の支援なども施工段階の「もの決め」と称して担ってきた。建設投資が右肩上がりの状況では、現在ほど発注者に透明性や説明責任を問われる場面が多くなく、発注者に対する手厚い無償サービスで次の仕事の契約につながる可能性を期待できた。現在は、設計図書にもとづき施工を行うという一般的な責務の範囲を超えた無償的なサービスがいつしかあたりまえになり、それがなければ発注者も設計者も立ちゆかない状況になっている。

　バブル経済崩壊までは少なくなかった随意契約による工事の受注機会が減少し、ゼネコンは建築プロジェクトから適正な利益を確保する仕組みを再考する必要がある。さらに、長時間労働の是正や建設現場の週休2日の取得に向けて生産性の向上が求められるなかで、ゼネコンも対価が伴わないサービスに割ける労力が限られてきている。契約や法制度の課題と商習慣の課題は両面から検討していかないと、実効性のある解決策に至らない可能性がある。

註1　第21条「不可抗力による損害」に「天災その他自然的又は人為的な事象であって、発注者と受注者のいずれの責めにも帰することのできない事由によって、この工事の出来形部分、工事仮設物、工事現場に搬入した工事材料、建築設備の機器、又は施工用機器について損害が生じたときは、（中略）発注者及び受注者が協議して重大なものと認め、かつ、受注者が善良な管理者としての注意をしたと認められるものは、発注者がこれを負担する」と記述されている。

註2　完成工事総利益（完工利益）ともいう。「完成工事高－完成工事原価＝完成工事総利益（粗利益）」の式で求められる。

5.1

建築プロジェクトにおける透明性とは何か

透明性とは何か

バブル景気が崩壊した1990年代初頭以降、建築プロジェクトにおける透明性確保の機運が急速に高まった。このプロジェクト運営における透明性には、大きく二つの意味合いがある［図5-1］。

ひとつは「プロセスの透明性」であり、発注契約方式の選択理由、設計者や施工者の選定理由、設計内容や採用技術の妥当性などに関する透明性を担保することで、ステークホルダーへの説明責任（アカウンタビリティ）を果たすことがねらいである。公共工事の場合は納税者、民間工事の場合は株主をはじめとする投資者・出資者がおもな対象になる。通常の場合、民間の経営者は株主から経営執務を付託され、決裁規定などの諸規定にしたがって決裁権を行使できる。そのため、公共工事ほどの透明性を求められることは少ないが、逆にいえば経営者の納得感が重要な要素となる。

もうひとつは、「コストの透明性」である。これは説明責任の確保とともに、原価の定常的な監視、場合によってはそれを通じたコスト縮減を期待する意味合いが強い。「プロセスの透明性」は入札に代表される競争という手続きを経ることで担保することもできるが、「コストの透明性」が求められる場合には、工事費内訳にとどまらず、施工者の調達原価や経費・利益の中身まで確認できる状態が必要となる。一方で、物品やサービスを提供する他の産業においても原価開示の責務まで負った取引は稀有である。建設産業においてもコストの透明性を担保するためには、従来の生産プロセス、さらにはビジネスモデル自体に踏み込んで検討が必要であるが、それは簡単ではない。

なお、CM会社や積算事務所が第三者的に行うコスト査定をもって「コストの透明性を確保した」と説明する事例もあるが、あくまでこれも査定というプロセスの話であり、コストを直接的に透明化しているわけではない点には留意が必要である。

コストの透明化への期待と課題

コストの透明性の前提として、通常の工事請負において元請会社はコストを透明化する、すなわち下請となる専門工事会社への支払額や現場経費の原価を開示する責務は負っていない。請負とは、完成物を引き渡すことで対価を得る契約であり、元請会社はその建物を完成させるために必要な下請会社の選定や契約に関する一定の裁量権を持つ。このため元請会社のコストがブラックボックスであったとしても、それは与えられた裁量のなかの話であり、単純に悪ということにはならない。

そのうえで、元請会社も営利企業である以上、ブラックボックスのなかでコストコントロールを行うことによって利益を拡大したいと考える。実際に請負金額のなかで利益を拡大することが工事現場責任者（現場所長）の腕の見せ所とされてきた。一方で多くの発注者は、あとになって顕在化するようなリスクはできればゼネコンに負担してもらいたい、資材や労務の実勢価格がわからないなかで調達原価を開示されても良し悪しを判断できない［図5-2］、それよりも多少の不測の事態は契約金額のなかで元請会社がうまくやり繰りしてくれるほうがありがたい、と考える。請負という契約形態を背景にしたこの両者のメンタリティは、これまで双方にとって透明性を高めない（高めたくない）インセンティブとなってきた。

しかし、高度成長社会では特に問題とならなかったこのビジネスモデルは、日本の経済が低成長時代に入ったことで徐々にほころびも見え始めている。発注者・受注者間の情報の非対称性は、発注者にとっては受注者に対するコスト不信感、受注者にとっては許容量を超えたリスク負担にもつながり、両者の対立を生み出す根本的な要因となった。逆にいえば、コストの透明化は、双方対立の構図を解消し、同じベクトルを向いたプロジェクトチームを形成するひとつの方策になり得るとも考えられる。事実、90年代半ば以降の透明化の機運はおも

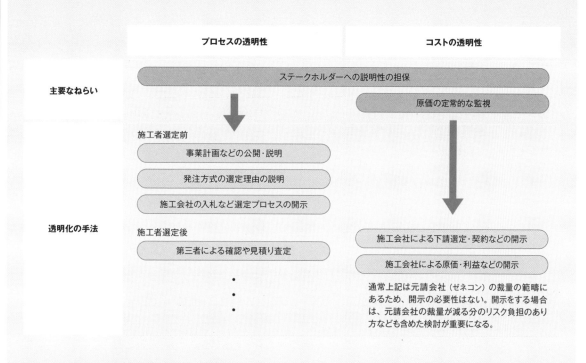

[図 5-1] **プロセスの透明性とコストの透明性**

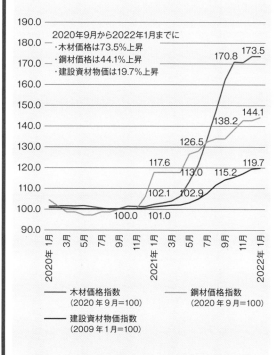

[図 5-2] **木材、鋼材などの建設資材価格の変動**

に発注者側のニーズから始まっているが、第1章1節(P. 012)で触れた大正時代におけるコストプラスフィー契約の流行は、過度なリスク負担で疲弊した施工者側からの要望であったとされる。

　もっとも、コストを透明化するという試みは、ゼネコンにとってはこれまでのビジネスモデルが大きく変わる話であり、容易に対応できるものではない。また透明化と一口にいっても、透明化の恩恵を超えて調達手続きや経理処理、また証拠書類などの管理に多大な労力・手間が生じる。生産性を阻害するようであっては、発注者にとってもゼネコンにとってもメリットは少ない。コストの透明化を考えるうえでは、そのプロジェクトの特性を鑑み、「何を」「どこまで」「どのように」透明化することが最も合理的か、概念ではなく具体的な手法に落とし込んで、発注者とゼネコンが合意しスタートすることが重要になる。

　5.3節では、コストを透明化する手法である実費精算契約について具体的に解説する。

5.2
設計者・施工者の選定方式

プロセスの透明性を担保する手段として選定という行為は有効であり、建築プロジェクトの場合はおもに設計者や施工者がその選定の対象となる。本節では、国土交通省が2015年に公表した「公共工事の入札契約方式の適用に関するガイドライン【本編】」を引用しつつ、設計者と施工者の別にそれらを選定する方式について述べる。

設計者の選定

設計者の選定は、プロポーザル方式、設計競技（コンペ）方式、価格競争方式、総合評価落札方式、随意契約方式の5種類が考えられる。プロポーザル方式は「設計者」を選定する方式で、提出されたプロポーザル（提案書）にもとづいて、体制、実績、実施方法、プロジェクトに対する技術提案などを総合的に判断する。コンペ方式は具体的な「設計案」を選定する方式で、設計競技で優れた案を選び出し、その提案者を設計者に指名する。価格競争方式は、発注仕様書にもとづいた設計料だけで設計者を選定するもので、決まった工法による改修など創造性をはさむ余地のない場合以外には適用しづらい。総合評価落札方式は、技術提案と設計料の総合評価により設計者を選定する方式であり、プロポーザル方式と価格競争方式の中間的位置づけになる。随意契約方式は発注者が設計者を指名して設計を委託する方式である。随意契約方式以外は、いずれも、参加資格がオープンな場合と制限のある場合がある。プロポーザル方式、設計競技方式、価格競争方式の

方式の比較を［表5-1］に示す。

例えば、2015年7月17日に内閣総理大臣によって白紙撤回された新国立競技場プロジェクトの基本構想デザイン案を募集した「新国立競技場基本構想国際デザイン競技」は設計競技方式であり、その参加資格のなかには、①特定の国際的な建築賞の受賞経験[1]か、②収容定員1.5万人以上のスタジアムの基本設計または実施設計の実績を有する者との条件があった。また、基本設計および実施設計の設計者は、このデザイン競技の結果が発表された3カ月後に開始した公募型（参加者を公示により募る方式）のプロポーザル方式で選定されている。

施工者の選定

「公共工事の入札契約方式の適用に関するガイドライン【本編】」によれば、施工者の選定は、競争参加者の設定方法と落札者の選定方法の組み合わせとなる［図5-3］。

競争参加者の設定方法は、一般競争入札方式、指名競争入札方式、随意契約方式に分類される。一般競争入札方式は、資格要件を満たす者であれば誰でも参加申し込みを行うことができる。それに対して指名競争入札方式は、発注者が指名した特定多数の参加者が競争の対象となる。随意契約方式は、災害時の応急措置や追加工事など、競争させることが不利益になる場合に発注者が任意に特定した者と契約するものである。公共工事の場合には、原則として一般競争入札方式を選択することとされている。

落札者の選定方法は、落札者の選定基準に関する方式と、落札者の選定の手続きに関する方式に分類される。前者はさらに、価格競争方式、総合評価落札方式、**技術提案・交渉方式**の三つに分類され、後者には**段階的選抜方式**がある。価格競争方式は、最低の価格で入札した者と契約をする。この方式は、公平性・公正性・透明性が高く、発注者の恣意性が働く余地のない選定方式だが、落札者の施工能力を考慮できない。総合評価落札方式は、工事価格と性能などを含む技術提案を募集するなどして、供給される工事の価格と品質を総合的に評価するものである。それに対して技術提案・交渉方式は、技術提案を募集し、そのなかで最もすぐれた提案を行った者を優先交渉権者として価格や施

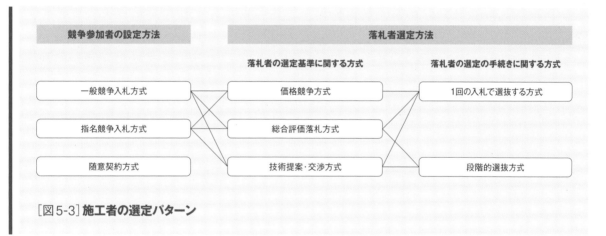

[表5-1] 設計者選定方式の比較

	プロポーザル方式	設計競技(コンペ)方式	価格競争方式
① 発注者側の負担	基本設計程度の条件の提示。	詳細な設計条件等の提示。	基本的な仕様の提示。
② 設計者側の負担	プレゼンの準備等が必要。	具体的な設計案を作成するため、手間・費用・時間がかかる。	特になし。
③ 設計委託費用の提示	審査項目の中で価格を評価対象とすることで、委託費用を提示させることができる。	審査項目の中で価格を評価対象とすることで、委託費用を提示させることができる。	入札により提示される。
④ 契約者の決定	審査項目の合計により、一番点数が高かった設計者と契約を行う。	最も優れた設計案を選び、その提案者を設計者として契約を行う。	最低入札者と契約を行う。
⑤ 設計会社の把握	書類審査、プレゼン等で設計会社の全体像を把握することが可能(技術力・実績・意欲・担当チームの体制等)。	設計案を評価するため基本的に過去の経験や実績は問わないが、書類審査、プレゼン等で設計者を把握することは可能。	設計会社の表面的な部分しか確認できない(会社の規模等一般的な部分)。
⑥ 設計の方法	初期の段階から発注者側と設計者と協働して設計を進めることができる。プレゼン等で技術力や体制等に優れた設計者を選定できるため、多くの要望に柔軟に対応していくことが可能となる。	設計案(完成形)を選んでいるため、大きな変更はできない。仮に変更を行う場合には、時間と費用を要する。	発注者と協議しながら設計を進めることとなるが、基本的な部分は仕様書で定めているため、変更は難しい。また価格のみで選定しているため、担当者が柔軟に対応できるか不明確である。

[図5-3] 施工者の選定パターン

工方法などを交渉し、契約先を決定するものである。この方式は技術提案の評価基準を明確にすることが難しいため、技術提案の審査・評価については学識経験者の意見を聴取するなどして、中立性・公正性・透明性の確保に留意する必要がある。

段階的選抜方式は、受・発注者双方の技術提案にかかわる事務負担の軽減を図るために、入札する工事に対する技術的能力などを評価して選抜した、一定の技術水準に達した者のなかから落札者を決定するプロセスのことをいう。この方式を単独で用いることはできず、総合評価落札方式や技術提案・交渉方式と併用するものである。

このように施工者の選定方式は[図5-3]に示すように多様な組み合わせが可能だが、一般競争入札方式、価格競争方式以外は、公平性・公正性・透明性の完璧な立証が難しい。一方、価格競争方式は供給される品質に不安がないといい切れない。また発注者には、価格競争方式では入札価格を評価する基準となる精度の高い積算が求められ、総合評価落札方式と技術提案・交渉方式では確定度の高い入札資料(要求水準書など)の提示と精度の高い概算が求められる。

註1 高松宮殿下記念世界文化賞(建築部門)、プリツカー賞、RIBA(王立英国建築家協会)ゴールドメダ ル、AIA(アメリカ建築家協会)ゴールドメダル、UIA(国際建築家連合)ゴールドメダル。

5.3

実費精算
（コストプラスフィー）
契約

総価請負契約と実費精算契約

5.1節で述べたコストの透明性を確保しようとした場合、工事の発注者・受注者とも、従来の**総価請負契約**の考え方から脱却する必要がある。総価請負契約とは、受注者が建設工事を一式総額のみで請け負う契約方式で、工事費内訳書を契約段階で提示する場合はあっても実際の工事のなかで生じる費目ごとの増減に発注者の了解は不要であり、設計変更などで当初の契約条件が変わらないかぎりは契約時に取り決めた総価で受注者が工事を完成させる方式である。発注者にとっては工事総額が契約時に確定し、契約後のコスト管理が容易であることから、日本の建築工事では一般的な工事契約方式とされている。受注者にとっては、契約後の資材価格や労務費などの物価上昇、契約時の積算に抜けや漏れなどの間違いがあっても原則的にそれらを負担しなければならないリスクはあるが[1]、逆に契約後に原価を低減できた場合にはそれをそのまま利益とできる。

一方で、コスト（原価）を透明化し、実際に要した費用で最終的な工事費の精算を行う契約方式を**実費精算**（コストプラスフィー）**契約**という。一般的に建築工事は契約後ただちにすべての資機材や労務を調達するわけではなく、工事進捗に合わせて段階的にゼネコンから専門工事会社に発注をかけていくが、その個々の契約金額や最終的な支払金額を定期的に発注者に開示していく方式である。総価請負契約では契約後のコスト超過リスクと原価低減ができた場合の利益を一元的に受注者が背負うのとは逆に、実費精算契約は契約後のリスク

と利益を発注者と受注者で応分に負担するというのが基本的な考え方である。ただし、事後に要した費用を支払うのでは契約時に総額の想定が立たず、発注者は予算取りも行えないため、実費精算契約の場合でも契約時に**ターゲットコスト**（目標原価）を設定する場合が多い（ターゲットコストについては後述）。

なお、総価請負契約と民法における請負を混同し、実費精算契約と請負は別物と誤解されることがあるが、総価請負契約も実費精算契約も「仕事の完成（建物の完成）に対してその報酬を支払う」条件であることに変わりはなく、両者とも民法上の請負契約にあたるとされる。

実費精算契約の仕組み

実費精算契約はまだ日本の建築工事では事例が少なく、特に民間工事においては案件に合わせて多様な手法が取られているため、標準的といえる手法は存在しない。しかし実際の契約の中では、おもに以下の3点をどう取り決めるかがポイントである点は共通している。

1） ターゲットコストの設定

実費精算契約はコストプラスフィー契約とも呼ばれる通り、工事費はコストとフィーの合計で決まる。コストとは原価であり、専門工事会社に支払う直接工事費、共通仮設費および現場事務所の仮設費・人件費・水光熱費などの現場管理費がこれにあたる。フィーとは元請となるゼネコンの一般管理費と利益である［図5-4］。コストは見積りや実費の積み上げで算出できる一方、フィーは積み上げによる算出ができないためコストに対する率で設定する方法が一般的であるが、コストに連動して金額が変動する取り決めとする場合［図5-5-①］や、契約時に金額を固定する場合［図5-5-②］があり、取り決め方はプロジェクトごとに決定する必要がある。

なお、先述の通り実費精算契約であっても総工事費の想定が立たないと予算取りも契約もできないため、通常発注者と受注者の契約前にはコストの概算が行われる。これがターゲットコストとなり、発注者と受注者がこの金額に納まるように協力しながらプロジェクトをマネジメントしていくことになるが、実費精算契約の場合の最終コストはターゲットコストと同額になるとは限らない。このため最初のターゲットコストの設定に見込み違いがあると最終的に大きな乖離が生じる危険性があり、発注者にはターゲットコストの妥当性・正確性を判断する能力が

総工事費		
コスト		フィー
直接工事費	間接工事費	
土工事 / コンクリート工事 / 型枠工事 / PC工事 / 鉄筋工事 / 鉄骨工事 / 防水工事 / 石工事 / タイル工事 / 木工事 / 金属工事 / 左官工事 / 建具工事 / ガラス工事 / 塗装工事 / 内外装工事 / 電気設備工事 / 給排水衛生設備工事 / 空調設備工事 / 昇降機設備工事 etc.	共通仮設費 / 現場管理費	一般管理費など / 利益
オープンブックにより原価を開示する		一般的にコストに対する率（%）で設定する

[図5-4]**実費精算契約におけるコストとフィー**

求められる。

2) オープンブックの手法

ターゲットコストに対して実際に要したコストの進捗を当事者間で共有するため、受注者は工事期間中に原価管理会議などを通じ、専門工事会社の見積書や契約書、支払金額を証明する書類、また必要に応じて現場人件費などの経費を開示する。これをオープンブックといい、開示する見積書にはゼネコンの経費や利益を含めてはならない。また、公共工事などで非常に高い透明性が求められ、発注者が専門工事会社を入札などの競争により選定することを求める場合には、受注者はその選定プロセスも書類として開示する必要がある。

ここで重要なのは、開示するこれらの証拠書類を何にするかという取り決めである。一般的に開示する内容は大きく専門工事会社などの選定、契約、支払の三つに分けられるが、いずれも通常の総価請負契約ではゼネコンの裁量の中でコントロールされ開示する必要性のなかったものであるため、ゼネコンは開示の準備から始める必要がある。例えば選定に関しては、ゼネコンは一般的に協力会を保持しており、その関係から選定というプロセス自体が必要なかった場合も多い。また支払に関しても、ゼネコンは各々独自の経理・支払システムを有して業務を合理化しており、このフローに乗らない証拠書類が求められる場合には、現場事務員の増員により手作業での経理処理が必要になる可能性もある。このように新たな業務が発生するということは必要経費が増える

ということであり、発注者自身にもコストとして跳ね返ってくることとなるため、プロジェクトの特性により求められる透明性のレベルと必要な労務量を見極めながらオープンブックの具体的な手法と範囲を定めることが重要となる。

3) インセンティブ／ペナルティの仕組み

契約時に、ターゲットコストと最終コストに差額が生じた場合にその差額をどう発注者と受注者で案分するかの取り決めを行う[図5-6]。

インセンティブフィーとは、ターゲットコストから最終コストが下がった場合にこの差額を発注者と受注者で案分した互いの利益のことである。原価低減の要因には、ゼネコンの調達努力、施工計画の合理化、品質低下を伴わないVE、スペックダウンによるCD（Cost Down）などがあげられるが、どの要因までをインセンティブフィーの対象とするかはプロジェクトごとに異なる。また項目ごとに個別にVEかCDかの判断が必要になるため、原価管理会議などで逐次報告・確認をしながら進めていくこととなる。

逆にターゲットコストから最終コストが上がる場合も考えられる。その要因としては物価上昇や自然災害などの不可抗力のものから、施工品質の是正や見積り落ちなどまで考えられるが、インセンティブフィーの場合と同様に、その要因別に発注者と受注者の負担割合（ペナルティ）を事前に決めておく必要がある。

このインセンティブ／ペナルティの仕組みにより、発注者・受注者がともにリスクを認識し、コスト低減のモチ

ベーションが共有され、従来の対峙的な関係から協働
関係へのシフトが期待できる点が実費精算契約の大き
な利点のひとつである。

GMP（最大保証金額）

一方で、ターゲットコストを最終コストの上限金額
に設定する場合もある。この場合のターゲットコストとフィー
を合計した工事価格は、GMP（Guaranteed Maximum Price：
最大保証金額）と呼ばれる。GMPを設定する場合は、発
注者は実費精算契約であっても最終精算時の追加費
用の発生を心配せずによくなるが（設計変更は除く）、受注
者にとっては通常の総価請負契約の場合と近いリスク
を背負うことになる。このため、対峙的な関係から協働関
係へのシフトという観点では課題があり、場合によっては
総価請負契約よりも片務性の高い契約にもなりかねな
い。例えば、通常の総価請負契約ではゼネコンの裁量
のなかで捻出とコントロールをしていた不測の事態に対
する予備的費用（工事期間中の軽微な手直しや予測不可能な
追加労務などに対する費用）が、実費精算契約の場合は見
込めない。このため、発注者側で事前に一定額を予備
的費用としてプールしておき、あらかじめ定めた条件で
利用できるなどの対応も検討が必要になる。

いずれにせよ、実費精算契約はコストの透明化の
ための施策であり、コスト縮減のための施策ではない点
には留意が必要である。透明化の結果としてコストが縮
減される可能性はもちろんあるが、2006年11月22日の
第7回建設産業政策研究会（国土交通省）でオープン
ブック方式が議論された際も、ダンピング（低価格入札）に
よる専門工事会社へのしわ寄せ防止に一定の効果が
期待できると評されており[2]、これは透明化された結果と
してコストが上昇する可能性もあることを示している。また
重層下請構造により、二次下請、三次下請も当たり前
の建築業界において、元請会社の一次下請発注価格
や経費率のみを明らかにすることがコストの透明化策とし
てどこまで有効なのかも議論の余地がある。この前提を
理解し、発注者と受注者がガラス張りのなかで互いの
創意工夫を引き出せる仕組みをつくることが、実費精算
契約の成功の鍵といえる。

註1 『アーキブック』建設用語集
「総価請負契約とは」より引用のうえ
追記（2021年4月26日ウェブサイト閲覧）。

註2 「経審やJVで意見／第7回
建設産業政策研」『日本工業経済新聞』2006年11月24日。

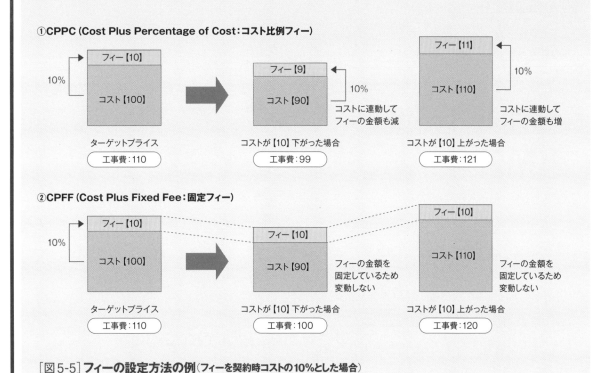

①CPPC (Cost Plus Percentage of Cost：コスト比例フィー)

| フィー【10】 |
| コスト【100】 |

10%

ターゲットプライス
工事費：110

フィー【9】
コスト【90】

10%
コストに連動して
フィーの金額も減

コストが【10】下がった場合
工事費：99

フィー【11】
コスト【110】

10%
コストに連動して
フィーの金額も増

コストが【10】上がった場合
工事費：121

②CPFF (Cost Plus Fixed Fee：固定フィー)

フィー【10】
コスト【100】

10%

ターゲットプライス
工事費：110

フィー【10】
コスト【90】

フィーの金額を
固定しているため
変動しない

コストが【10】下がった場合
工事費：100

フィー【10】
コスト【110】

フィーの金額を
固定しているため
変動しない

コストが【10】上がった場合
工事費：120

[図5-5] **フィーの設定方法の例**（フィーを契約時コストの10%とした場合）

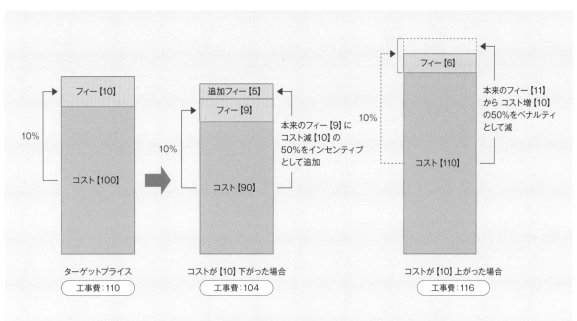

フィー【10】
コスト【100】

10%

ターゲットプライス
工事費：110

追加フィー【5】
フィー【9】
コスト【90】

10%
本来のフィー【9】に
コスト減【10】の
50%をインセンティブ
として追加

コストが【10】下がった場合
工事費：104

フィー【6】
コスト【110】

10%
本来のフィー【11】
から コスト増【10】
の50%をペナルティ
として減

コストが【10】上がった場合
工事費：116

[図5-6] **インセンティブ／ペナルティの仕組みの例**（フィーを契約時コストの10%とした場合）

コスト比例フィー（CPPC）を採用し、コスト低減のインセンティブフィーを低減額の50%、コスト増加時のペナルティを増加額の50%とした場合のシミュレーション

5.4

発注者支援型 CM方式

設計者等への期待役割の変化

第2章2節(P. 024)で述べた入札契約方式の多様化は、施工者が設計段階においてどのような契約で参画するかという視点であったが、これに合わせて設計者などに期待される役割にも変化が生じている。大きな傾向としては、プロジェクトのより川上側や、本来発注者が担うべき業務に対する専門的知見からの支援に期待役割が拡大、または変化しつつあるといえる。この第三者的な立ち位置で発注者を支援する役割は、一般的にPM(プロジェクトマネジメント)やCM(コンストラクションマネジメント)と称され、プロセスの透明性や説明性を確保する意味でも、昨今急速に採用プロジェクトが増えてきている。

民間工事におけるPM/CM

従来、PMとは建設事業に限らずプロジェクト全般において要求事項を効率的・効果的に達成するための統括的なマネジメントを指し、一方でCMは建設事業の発注者に代わりおもに施工段階における管理や調整を代行するマネジメントと位置づけられてきた。しかし、日本の特に民間工事では、CM業務の提供者が事業構想や運営維持管理計画といったPM領域まで職域を拡大していき、また発注者側も複数のサービスを包括的に得られる利点があったことから、PMとCMの線引きがあまり意味をなさなくなってきているのが実態である。例えば日本コンストラクション・マネジメント協会が発刊する『CMガイドブック 第3版』[1]では、CMについて「CM

(Construction Management)を直訳すると『建設管理』となるが、その業務領域は広がりを見せている。CMとは建設生産にかかわるプロジェクトにおいて、発注者から依頼を受けたコンストラクション・マネジャー(CMr)がプロジェクトの目標や要求の達成を目指し、プロジェクトを円滑に進めていく活動全般のことである」と広義にとらえている。参考までに同ガイドブック第2章「コンストラクション・マネジメントの業務体系」に整理されている業務項目を[表5-2]に示す。業務範囲が基本計画や完成後にも及んでいることが見てとれるが、民間工事においてCMの担う業務はさらに広がりつつあり、立地選定や事業収支予測などのCRE[2]戦略に関する支援や、複数多拠点の施設を同時並行で計画・遂行するオペレーション型のプログラム・マネジメントにも及ぶこともある。

公共工事における 発注者支援型CM方式

公共工事におけるCM導入事例はまだ多くはないが、国土交通省の発表資料[図5-7]では、2007年から2018年までの11年間で、CMを導入した自治体が約7倍に増えていると報告されている。一方で公共工事においては発注者の果たすべき責務がより明確に規定されていることもあり、CMに委託される業務範囲は民間に比べて限定的である。

2016年6月に国土交通省が公表した「地方公共団体等におけるCM方式活用事例集」[3]には、実際にCMを採用した事例が24件記載されている(一部民間工事も含まれる)。これらの事例におけるCMRの担った役割の項目を、国土交通省が「CM方式活用ガイドライン」[4]のなかで述べている「CMRのマネジメント業務の主な内容」を用いて分類を行った結果が、[表5-3]である(ただし、同ガイドラインにあげられているCMRのマネジメント業務に当てはまらないものもあるため、設計段階に「④不確定要素・リスクへの事前対応」という業務内容を追加している)。この分類の結果、公共工事ではおもに設計段階「②設計の検討支援」と、施工段階「②工程計画の作成及び工程管理」「⑤コスト管理」の業務がCMに委託されていることがわかる。これに対し、民間工事ではCMの主要な業務ととらえられている発注段階「①発注区分・発注契約方式の提案」「②施工者の公募・評価」はあまり多くない。これは公共工事における発注行為や契約行為は法制度

[表5-2]「コンストラクション・マネジメントの業務体系」に整理されている業務項目（抜粋）

0　共通業務

00　CM業務契約
CM業務提案書／CM業務契約／CM業務計画書／CM業務説明書

01　発注者の目標・要求の確認と更新

02　プロジェクトの推進と管理
CMRの組織／プロジェクトの組織／会議体の提案と運営組織／プロジェクトの関係者への説明／プロジェクトの推進／選定・発注行為／品質管理方針／コスト管理方針／スケジュール管理方針

03　設計者・施工者・監理者の選定・発注
設計者の選定／設計・施工分離方式における工事施工者の選定／監理者の選定／設計・施工一括発注方式における設計施工者の選定／ECI方式における技術協力者の選定

04　プロジェクト構成員の役割分担の明確化と更新

05　プロジェクトの情報管理
情報管理システムの構築／情報管理システムの運営

06　プロジェクトにおけるリスクについての説明

07　クレームへの対応

08　CM業務報告書の作成
CM業務報告書／CM業務完了報告書

1　事業構想・基本計画

11　事業構想

12　基本計画
プロジェクトの目標／要求条件／制約条件／プランニング／事業費の概算／スキームの検討／マスター・スケジュール／工事費の概算

2　基本設計におけるマネジメント

21　基本設計の方針検討
基本設計方針書とプロジェクト説明書との整合性／基本設計スケジュールとマスター・スケジュールの調整／基本設計スケジュールの管理

22　基本設計への支援と確認
事前協議への助言および支援／設計進捗状況の確認／設計内容のモニタリング／工事費のモニタリング／施工スケジュール案の作成／工事費概算書の確認／総合仮設計画図の作成／品質管理計画の策定

23　基本設計図書等の内容の確認

3　実施設計におけるマネジメント

31　実施設計の方針検討
実施設計方針のプロジェクト基本計画書との整合／実施設計スケジュールの管理

32　実施設計への支援と確認
許認可にかかわる申請支援／設計進捗状況の確認／設計内容のモニタリング／工事費のモニタリング／工事施工スケジュールの更新／工事費概算書の確認／総合仮設計画図の見直し／品質管理計画内容の更新

33　実施設計図書等の内容の確認

4　工事施工におけるマネジメント

41　工事施工準備
工事施工でのCM業務説明書の更新／工事監理業務方針・設計意図伝達業務方針・工事施工方針の把握／情報伝達方法の確認／工事着手会議の開催／施工計画などの確認・調整／着工にかかわる届け出／質疑書・提案書の検討結果の確認・助言／生産計画の作成に関する調整／生産計画など（工事監理者承諾済）の確認・助言

42　工事施工
各工事関係者間の調整・助言／工事施工の実施状況の確認／発注区分ごとの発注・納入時期の確認／設計変更への対応／工事中検査の立会い／官庁検査の立会い／出来高・支払状況の確認／試運転調整の確認

43　竣工・引渡し
発注者検査の支援／工事監理報告書・工事報告書の確認／最終工事費支払請求の確認／引渡しの立会い／取扱説明への立会い／入居支援／固定資産管理の支援／引渡書類の内容確認

5　完成後におけるマネジメント

51　不具合・契約不適合への対応
不具合問題の解決方法／契約不適合の概念と分類／契約不適合責任と契約不適合期間／契約不適合問題の解決方法

52　引渡し後のアフターケア・運営維持管理
施設運営維持管理計画の策定／運営維持管理とライフサイクルの関係／維持保全計画・法定点検など／環境・エネルギー対策／運営維持管理方式／建物管理業務委託先の選定支援

的な観点から外部委託をしにくく、それに比べて内部技術者の不足から、品質・工程・コストに関する技術的および人員的な補完が強く求められているためと考えられる。

　　近年の公共のCMに対する動きを整理すると、多様な入札契約方式の活用を位置づけた2014年の公共工事の品質確保の促進に関する法律改正（改正品確法）のなかで、発注者から委託を受けた事業者が事業進捗やコスト管理を行うCM方式を、新たな入札契約方式のひとつと掲げている。2015年5月には国土交通省から「公共工事の入札契約方式の適用に関するガイドライン」が公表され、このなかでCM方式の適用により

考えられるメリット［表5-4］として人員の補完と高度な専門技術力の活用の大きく2点があげられた。2020年9月には国土交通省から「地方公共団体におけるピュア型CM方式活用ガイドライン」が公表され、CMRの業務内容と業務分担、業務報酬の積算の考え方、参加要件や選定方法、契約図書の構成の他、CM業務委託契約約款（案）が提示されるなど、公共工事におけるCM採用の検討がより具体化された。これらの検討が進みCM採用のハードルが下がることで、技術系職員の不足する地方公共団体、または数年に一度の複合・大型プロジェクトに直面した地方公共団体を中心に、CMの導入はより拡大していくものと予想される。

[表5-3] 「地方公共団体等におけるCM方式活用事例集」掲載事例におけるCMRの業務内容

事例	事業主体	設計段階				発注段階				施工段階						
		①設計候補者の評価	②設計の検討支援	③設計VE	④不確定要素・リスクへの事前対応	①発注区分・発注契約方式の提案	②施工者の公募・評価	③工事価格算出の支援	④契約書類の作成・アドバイス	①施工者間の調整	②工程計画の作成及び工程管理	③施工者が行う施工図のチェック	④施工者が行う品質管理のチェック	⑤コスト管理	⑥発注者に対する工事経過報告	⑦文書管理
江戸川区立松江小学校外改築事業	東京都江戸川区		○			○		○			○			○		
高知工科大学国際交流会館建設事業	公立大学法人		○	○			○	○			○					
大阪府立大学先端バイオ棟・サイエンス棟新築事業	公立大学法人	○			○		○		○	○	○					
大阪府立大学学舎改修等整備事業	公立大学法人			○		○					○			○		
大妻学院本館改修事業	民間学校法人					○					○			○		
学習院キャンパス総合整備事業	民間学校法人		○					○			○			○		
麗澤瑞浪中学・高等学校校舎等改修事業	民間学校法人								○		○					
湘南白百合学園幼稚園建替事業	民間学校法人		○								○			○		
横浜市立脳血管医療センター改修事業	神奈川県横浜市		○					○		○			○	○		
急性期・総合医療センター等病院施設改修事業	地方独立行政法人	○		○				○			○			○		
広島市民病院等病院施設改修事業	地方独立行政法人		○					○	○		○					
市立藤井寺市民病院施設整備事業	大阪府藤井寺市		○				○				○					
瀬戸内市民病院新築事業	岡山県瀬戸内市			○		○					○			○		
上白根病院増・改築事業	医療法人社団		○						○						○	
立川中央病院建設事業	医療法人財団	○	○			○				○	○					
足柄上合同庁舎本館新築事業	神奈川県		○			○		○			○			○		
長崎県庁舎等整備事業	長崎県									○	○			○		
横浜市新市庁舎整備事業	神奈川県横浜市		○			○					○					
千曲市新庁舎等建設事業	長崎県千曲市	○	○			○	○	○			○	○		○		
JR神田万世橋ビル新築事業	民間鉄道会社	○							○		○					
御笠川河川激甚災害対策特別緊急事業	福岡県		○								○					
矢部川災害復旧助成事業	福岡県		○		○						○					
元静岡県クレー射撃場環境対策事業	静岡県		○							○				○		
安永川トンネル新設事業(水源工区)	愛知県豊田市		○		○						○			○		
○の数(公共工事)		3	12	6	3	6	3	8	7	4	16	3	3	11	0	0
○の数(全体)		5	16	7	3	8	4	10	11	6	23	3	4	15	1	0

☐公共工事と考えられる事業

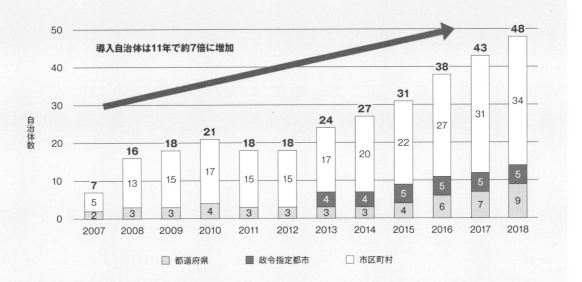

[図5-7] 地方公共団体におけるCM方式の導入状況

[表5-4] CM方式の適用により考えられるメリット・デメリット

	人員の補完	高度な専門技術力の活用
メリット	・短期的な人員不足の状況において、現場状況の確認や迅速な対応が難しい場合に、CMRにより適宜確認できる。 ・複数工事の工区間調整や関係機関等との協議において、適切な助言・提案・資料作成等を担ってくれる。 ・監督職員はCMRからの技術提案を活用し、お互いの技術力の補完を行うことで、技術力向上が期待できる。 ・地元企業に対して、書類作成や施工上の助言を与えることで、技術力の向上に寄与できる。	・監督職員が監督経験の少ない工事において、高度な技術力を要する判断・意思決定が必要な場合に、適切な助言・提案・資料作成等を担ってくれる。 ・監督職員が監督経験の少ない工事において、CMRの高度の専門技術力に触れることで、技術力の向上に寄与できる。
	・複数工事の円滑な施工、関係機関や地元住民との協議も含めて、業務対象工事の品質確保に大きく寄与できる。 ・CMRからの助言・提案によって、最終的な判断・意思決定までのプロセスにおいて、より透明性・説明性が高まる。	
デメリット	・監督職員と請負者の関係にCMRが介在することから、最終的な判断・意思決定の手続きが、一時的に滞る可能性がある。 ・結果的に、CMRから不適切な助言があった場合、ほとんどの責任が発注者側で負うことになる。	

註1 日本コンストラクション・マネジメント協会『CMガイドブック 第3版』水曜社、2018年。

註2 Corporate Real Estate の略で、「企業不動産」を意味する。企業の経営戦略の一環として不動産を活用することが重要であるとの認識が高まったことから、戦略的な運用が注目されている。なおCRE に対し、地方公共団体などが保有する公的不動産はPRE（Public Real Estate)と呼ばれる。

註3 国土交通省「地方公共団体等におけるCM方式活用事例集」2016年。

註4 CM方式活用方策研究会『CM方式活用ガイドライン』大成出版社、2002年。

5.5

工事監理と
CMの違い

法定義務・資格の違い

　CMと業務的に混同されがちであるのが、**工事監理**である。工事監理とは「その者の責任において、工事を設計図書と照合し、それが設計図書のとおりに実施されているかいないかを確認すること」(建築士法第2条第8項)を指し、建築基準法において、階数2以下かつ100m²以下の木造建築物などを除き、原則工事監理者を定めて工事を行わなければならないとしている。同時に建築物の規模や用途に応じた工事監理に必要な建築士の資格も定められており、工事監理は建築士の独占業務となっている。

　これに対し、CMの採用は任意であり、またCMRに関する公的な資格制度は存在しない。日本コンストラクション・マネジメント協会(以下、CMAJ)が2005年に認定コンストラクション・マネジャー資格制度を制定し、2020年現在約1,200名の有資格者がいるが、あくまで民間資格のため同資格を有していないとCM業務の提供者になれないというわけではない(ただし、公共工事のCM選定の際に参加資格として用いられる場合はある)。同様に、設計・工事監理の担う標準業務は国土交通省告示第98号に明記されているが、CMの担う業務については法的な制約などはなく、発注者とCMRが締結する個々の契約のなかで業務仕様が組み立てられる。

業務内容の違い

　工事監理の定義は前項の通りだが、一方でこの

「工事監理」とは別に、単に**監理**という場合は、工事監理を含んだより大きな業務の枠組みを指すと理解される点に注意が必要である。CMAJの『CMガイドブック第3版』では、監理と工事監理を[図5-8]のように整理しており、同図の赤枠で囲んだ告示第98号の別添一第2項第一号「工事監理に関する標準業務」を、建築基準法・建築士法が定める工事監理の範囲としている。

　一方で、この赤枠に含まれない監理業務、すなわち建築基準法・建築士法が定める範囲ではない監理業務として、告示第98号の別添一第2項第二号「その他の標準業務」がある。[図5-8]に記載の通り、ここであげられている監理業務はCMの業務に非常に類似している部分があり、これが冒頭に述べた工事監理や監理とCMが混同されがちな要因となっている。これらの業務委託の必要性、および工事監理者に委託するのかCMRに委託するのかについて、発注者自身が業務の全体像を理解し整理・区分ができていないと、委託業務内容に重複や漏れが起こり得る。

業務報酬基準に関する違い

　設計・工事監理にかかわる業務報酬については、建築士法第22条の3の4に、設計受託契約または工事監理受託契約を締結しようとする者は、業務報酬基準の考え方に準拠した委託代金で契約を締結するよう努めなければならないと規定されている。また同第25条に「国土交通大臣は、中央建築士審査会の同意を得て、建築士事務所の開設者がその業務に関して請求することのできる報酬の基準を定めることができる」とあり、この基準にあたるのが国土交通省告示第98号である。

　告示第98号では、報酬算定の考え方として実費加算方法と略算方法が示されており、実費加算方法を標準としつつ、業務報酬基準の対象業務([図5-8]のうち告示第98に掲げられた業務範囲を指す)のうち、新築にかかわる業務であって、必要経費の積算が困難な場合においては略算方法を使えるとしている。なお実費加算方法と略算方法の算定式はそれぞれ下記の通りであり、実費加算方法については各費目を積み上げて算出するが、略算方法では式内の業務量を、建築物の用途・床面積・難易度などによる補正係数により算定することができる。人件費単価については、国土交通省が毎年度公表している「設計業務委託等技術者単価」を用いる。

監理 （監理者の業務）		
告示第98号		
別添一 　第2項「工事監理に関する標準業務及びその他の標準業務」		
工事監理 第一号「工事監理に関する標準業務」	第二号「その他の標準業務」	別添四 「工事監理に関する標準業務及びその他の標準業務に付随する標準外の業務」
(1) 工事監理方針の説明等 　(i) 工事監理方針の説明 　(ii) 工事監理方法変更の場合の協議 (2) 設計図書の内容の把握等 　(i) 設計図書の内容の把握 　(ii) 質疑書の検討 (3) 設計図書に照らした施工図等の検討及び報告 　(i) 施工図等の検討及び報告 　(ii) 工事材料、設備機器等の検討及び報告	(1) 請負代金内訳書の検討及び報告 (2) 工程表の検討及び報告 (3) 設計図書に定めのある施工計画の検討及び報告 (4) 工事と工事請負契約との照合、確認、報告等 　(i) 工事と工事請負契約との照合、確認、報告 　(ii) 工事請負契約に定められた指示、検査等 　(iii) 工事が設計図書の内容に適合しない疑いがある場合の破壊検査 (5) 工事請負契約の目的物の引渡しの立会い (6) 関係機関の検査の立会い等 (7) 工事費支払いの審査 　(i) 工事期間中の工事費支払い請求の審査 　(ii) 最終支払い請求の審査	
建築士法による工事監理者の法定業務　(4) 工事と設計図書との照合及び確認（建築士法第2条第8項に対応） (5) 工事と設計図書との照合及び確認の結果報告等（建築士法第18条第3項に対応） (6) 工事監理報告書等の提出（建築士法第20条第3項に対応）		告示第98号に含まれない追加的な業務

[図5-8] **工事監理と監理の違い**

[実費加算方法]
業務報酬＝直接人件費＋直接経費＋間接経費＋特別経費＋技術料等経費＋消費税相当額
[略算方法]
業務報酬＝業務量×人件費単価×2.1＋特別経費＋技術料等経費＋消費税相当額

　このように設計・工事監理については目安の報酬額が定められているが、これには過度なコスト縮減により著しく低い報酬額で契約せざるを得ないケースなどを抑止する目的がある。
　一方でCMの業務報酬の目安は、これまで特段定められてこなかった。2020年9月に公表された国土交通省「地方公共団体におけるピュア型CM方式活用ガイドライン」でCMRの業務報酬の積算の考え方が示されたが、「CM業務の対価は業務内容によって千差万別であるため、期待される効果と費用の両面を考慮して対価を設定する必要」があると補足されている。また公共事業におけるCM業務の人件費単価の基準として現時点では設計業務等技術者単価を用いることが考えられるが、「適用する職種区分は、CM業務の内容によって求める技術者の能力が異なるため、見積等も参考に検討されるべき」「現時点で経費算定方法を設定するには公共事業におけるCM業務の事例が十分ではない」といった課題も述べられている。CM業務報酬の適正性や費用対効果をどう判断するかは、今後のCM導入の大きな課題といえる。

6.1
パートナリングの
概念

欧米における
建築プロジェクトの歴史的背景

欧州では、近世に入るまで石工や大工の工匠集団が設計と施工を担う方式で建物の建設が行われてきた。イタリアなど南欧諸国では、中世のルネサンス期以降に科学的素養を持つ芸術家が社会的な事業の都市計画や建築に携わるようになり、建築家的な職域が認知されていく。英国では近世に入り施工や測量を含む建設にかかわる職能から建築家[1]が称号独占権を持つ職能として確立する。1834年にロンドン英国建築家協会(1837年より王立英国建築家協会、**RIBA**：Royal Institute of British Architects)が設立されると工事業者が建築家を名乗ることができなくなり、設計・施工分離方式が基本的な発注契約方式として定着した[2]。

独立宣言(1776年)以前の米国は、欧州で生じた建築家を取り巻く変化の影響を受けている。1857年に米国建築家協会(AIA)が設立、1886年に米国労働総同盟が組織、1918年に米国建設業協会が設立され、機会の平等(フェアビッド)の精神のもと、互いの職域を侵さないように設計・施工分離方式で工事を進める体制が整えられてきた。米国の多くの州で、資格を持つ建築家の業務独占が州法で定められている。

以上のように、欧米では、建築家とゼネコンの役割と責務が明確に分離された歴史がある。そのため、英米の建設業界では、図面と仕様書に忠実な施工をするのがゼネコンの役割と責務であるとした考え方が常識となった。

英国における
プロジェクト運営方式の変化

英国では、ゼネコンによる一式請負[3]で工事を発注するのが一般的である。この方式では、発注者が設計者に依頼するなどして基本計画を行い、発注者が契約をしたコンサルタントと積算士(**QS**：Quantity Surveyor)を加えた設計チームで基本設計を進める。実施設計は、エンジニアや高度な技術を擁する専門工事会社もチームに加えて進められることが多い。その専門工事会社は発注者の指定会社としてQSが作成する工事数量書(**BQ**：Bill of Quantities)に固定金額で記載される。ゼネコンはBQに対して値入をし、一括請負金額で入札をする。最低価格で落札したゼネコンは、BQにもとづいて、自ら選定した専門工事会社および指定会社と下請契約を締結する。英国では、このような設計チームの自己中心的なやり方がプロジェクト関係者の対立的な関係を生んできた。特に、すべての工事項目がBQに記載されたものと同じであるか、すなわち設計が完了しQSが正しくBQを作成しているか否かという書類上の争いが生じやすい[4]。

関係者の関係が敵対的になる傾向を分析し、建設業界の低生産性を改善するためには、発注者を含むプロジェクト関係者のチームワーク、および継続的な改善の概念を含む**パートナリング**、ゼネコンとのコラボレーションが必要であると警鐘を鳴らしたのが1994年の「レイサム・レポート(Constructing the Team：チームによる建設)」[5]である。続く1998年の「イーガン・レポート(Rethinking Construction：建設業再考)」[6]では、対立的な関係から協調的な関係へ、コンピュータの利用、標準化・モジュール化といったコンセプトを提示し、[図6-1]に示す改善の目標を明示した。

これらを起点に、英国の建設産業ではパートナリングが推進されていく[図6-2]。あわせて、**VFM**(Value for Money)の追求、2段階発注やECI[7]などを導入した入札前の設計の完了、コーディネーションに有用な技術であるBIMの政策的な推進へと舵を切っていく。

米国における
プロジェクト運営方式の変化

米国には、ゼネコンが設計の確定度が低い状態

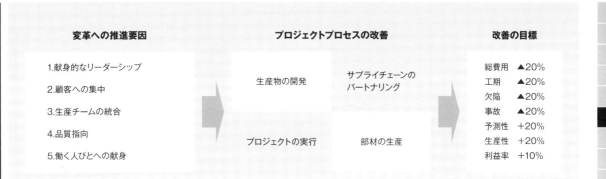

変革への推進要因

1.献身的なリーダーシップ
2.顧客への集中
3.生産チームの統合
4.品質指向
5.働く人びとへの献身

プロジェクトプロセスの改善

生産物の開発　サプライチェーンのパートナリング

プロジェクトの実行　部材の生産

改善の目標

総費用　▲20%
工期　▲20%
欠陥　▲20%
事故　▲20%
予測性　+20%
生産性　+20%
利益率　+10%

[図6-1] イーガン・レポートの要点
2004年末までに建設生産全体の20%のプロジェクト、2007年末までには50%のプロジェクトについて、PFIやプライム契約、デザインビルドなどによる統合したチームとサプライチェーンにより実施することを目指し、その推進にあたる発注者の役割の重要性を指摘

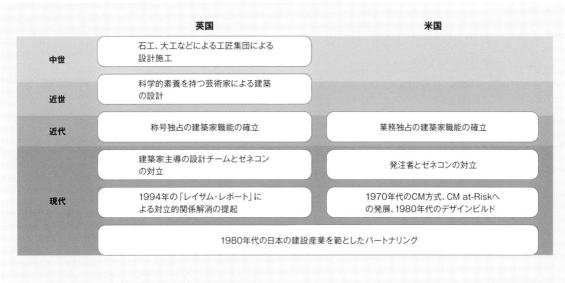

	英国	米国
中世	石工、大工などによる工匠集団による設計施工	
近世	科学的素養を持つ芸術家による建築の設計	
近代	称号独占の建築家職能の確立	業務独占の建築家職能の確立
現代	建築家主導の設計チームとゼネコンの対立	発注者とゼネコンの対立
	1994年の「レイサム・レポート」による対立的関係解消の提起	1970年代のCM方式、CM at-Riskへの発展、1980年代のデザインビルド
	1980年代の日本の建設産業を範としたパートナリング	

[図6-2] 英米における建築家を取り巻く環境の変化

で総価請負（ランプサム）契約をすることを嫌う傾向がある。ランプサムでの入札で予備的費用を組み入れた入札額を提示するよりも、工事管理フィーを確定させてかかった工事費を実費精算するコストプラスフィー契約を志向する。一方で発注者は、確定度が低い設計でゼネコンがどれだけの予備的費用を見込んでいるかを精査できないランプサムで契約を締結するよりも、工事費を透明化できるコストプラスフィー契約のほうがフェアな取引であると理解しつつも、工事が完了しなければ工事費が確定しないデメリットを解消したいと考えていた。設計の確定度を上げてランプサムで契約すれば無駄なコストを支払うことなく工事費を早く確定できる。しかし、設計の確定度を上げてから工事入札を行うのではプロジェクトの期間が長くなる。そこで設計段階にゼネコンのノウハウ（施工

性、VE、見積りなど）を反映させ、設計が完了した部分から専門工事会社に工事入札をし、発注者と専門工事会社が**ランプサム契約**を締結してプロジェクトを進めるファストトラックを前提としたピュアCM方式が1970年代に考案される[8]。

　ただしこの方式においても、すべての工事の入札が完了しないと最終的なコストを確定できない。また、コンストラクションマネジメント業務の委託先であるCMRに建物の完成に対する責任が課されないだけでなく、設計や施工を取りまとめる能力の不足が問題となった。そこで、最大保証金額（GMP）をCMRに設定させたり、ゼネコンが工事の一式請負を前提としたCM契約をしたりする**CM at-Risk**が1970年代後半に出現した。CM at-Riskとは、CM/GCやCMc（CM as Constructor）などの総

称であり、CM at-Riskという契約約款は存在しない。

1980年代後半になると、性能発注的な入札をし、設計と施工をあわせてランプサムでデザインビルダーと契約するデザインビルドの採用が増えてくる。デザインビルダーを担うのはおもにゼネコンである。デザインビルドはその契約範囲で、設計から建設工事までを一括して請け負う**EPC**（Engineering, Procurement, Construction）、試運転まで含む**ターンキー**、施設運用までに担う**BOT**（Build, Operate, Transfer）に分類できる。

2000年代後半にBIMが普及すると、設計段階から、発注者・設計者・ゼネコンが、目標原価（ターゲットコスト）を共有し共同で設計を進める**IPD**（Integrated Project Delivery）が出現する。

変化の転機となった
パートナリングの概念

日本のものづくりが世界で称賛された1980年代は、英米の経済が後退していた時代である。米国では、1979年に発刊された『ジャパン・アズ・ナンバーワン』にあるように、製造業全体で米国の世界シェアが低下した。英国でも1979年に誕生したサッチャー政権が進めた民営化や金融改革が高い失業率を招いていた。当時、その非効率さを正すために、いくつかの産業分野で日本のものづくり産業が研究された。有名なところでは1985年にマサチューセッツ工科大学を中心とした日本の自動車産業の研究で、その報告書においてトヨタ生産方式を「リーン生産システム（Lean Production System）」として紹介している[9]。その手法を建築産業に応用した**リーンコンストラクション**の概念は、1993年に設立されたIGLC（The International Group for Lean Construction）が毎年開催している国際会議を通じて国際的に広まっている。その思想は、「発注者、ゼネコン、設計者が相互信頼と協力の精神に則り事業を進めていくこと」すなわちパートナリングの精神である。

1980年代後半は、日本の建築産業の仕組みに英米の有識者が注目していた。そこで彼らが見たものは、設計者とゼネコンが協力して設計を完成させ、不可抗力以外の問題の責任をすべてゼネコンが引き受ける、ゼネコンを要石としたプロジェクトの進め方であった[10]。このやり方を、欧米の建築産業に適用できるように咀嚼したのがパートナリングの始まりといえる。

パートナリングはおもに下記の三つの目的から、1980年代から1990年代中ごろにかけて欧米でその採用が広まるようになった。ひとつ目は、熾烈な価格競争入札と対立的契約関係の改善、二つ目は、非効率な管理に起因するコスト超過と工期遅延の恒常化の改善、三つ目は、過剰な訴訟体質の改善である。これらの根底には、発注者・設計者・ゼネコンが対立的な関係から協力して設計を進める体制に変えることで、訴訟のリスクをなるべく排除できるという期待がある。

英国では、過度の価格競争を背景としたクレーム・紛争体質による業界の恒常的対立的関係の解消をねらい、レイサム・レポートでその導入が提言され、パートナリングをマネジメント手法としてとらえた標準契約約款の制定に踏み込んでいる。米国では、建設プロジェクト実施に際しての過度のクレーム訴訟体質、この背後にある対立的ビジネス関係への解決策として米軍において用いられ、陸軍・海軍・道路庁などに、契約ではなく憲章（宣言書や協約）として広く普及した［図6-3］。

パートナリングの採用により、コスト超過や工期遅延が減少し、発注者と建設会社がよりよく理解し合える状況になっているとの報告がある。特に、長期的な取引関係によるメリットが、発注者にもゼネコンにももたらされているという分析もある。一方で、協調的関係のなれ合いへの懸念、これによる責任や法的権利義務の不明確化、既存制度との整合性といったパートナリングの弱点も明らかになってきており、導入時に十分な対策が肝要であることも認識されてきている。

パートナリングからの発展

近年の建築プロジェクトでは、あえて「パートナリング」という言葉を使うことが少なくなったように思われる。パートナリングの概念が浸透したからか、その概念を従来の契約の組み合わせでカバーしているためかわからないが、パートナリングの考え方は英米の両国で独自に発展を遂げている［図6-4］。

英国では、リスクと利得を配分するペインゲインシェア、関係者の共通目標であるターゲットコスト、ゼネコンと専門工事会社の取引を監視するオープンブックを原則とする契約制度を整備したが、それが広く普及したとは言い難い。しかし、RIBAが、プロジェクト遂行のフレームワークである「**RIBA Plan of Work**」を改訂するな

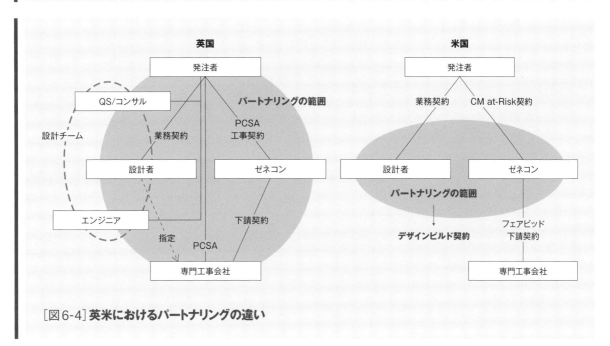

英国におけるパートナリング導入経緯	米国におけるパートナリング導入経緯
過度の価格競争を背景に、受注後のクレーム・紛争体質によって建築プロジェクトにおける工期遅延、費用増大など多大な損失が問題化。業界の恒常的対立的関係の解消をねらって、政府諮問機関において1994年レーサム卿がパートナリング導入を提言。さらに、1998年イーガン卿の品質と効率改革を目指す「建設業再考」によって促進、普及した。	建築プロジェクト実施に際しての過度のクレーム訴訟体質、この背後にある対立的ビジネス関係への解決策として、米軍において用いられ、陸軍・海軍・道路庁などに広く普及した。パートナリング手法の建設調達への導入は、米国が草分けである。
契約型パートナリング	非契約型(憲章)パートナリング

[図6-3] 英米におけるパートナリング導入経緯

[図6-4] 英米におけるパートナリングの違い

かで、ゼネコンや高度な技術を持つ専門工事会社を設計に参加させるプレコントラクトサービスアグリーメント（**PCSA**：Pre-construction services agreement）などを容認するなど、政府によるパートナリング推進の意向を受けて設計と施工の間にある壁を低くする方法の採用が広まっている。

米国では、パートナリングの概念をプロジェクトの初期段階に適用し、さらにリーンコンストラクションの思想を組み入れたIPDに発展している。また、IPDに至らずとも、設計者とゼネコンが共同で設計を担うデザインビルドの採用が増加している。いずれも、インセンティブによってコストとプロフィットをシェアするなどのパートナリングの概念を踏襲している。

註1 本章では、設計者のことを建築家、建築士などと各国の状況に応じて使い分ける。

註2 ウィキペディア「建築家」（2021年11月12日閲覧）。

註3 建物の完成に必要となる各種の工事を一括して請け負うこと。英語でgeneral contractという。

註4 前田邦夫『現代アメリカ建設学——プロジェクト・マネジメント入門』開発問題研究所、1987年。

註5 Sir Michael Latham, *Constructing the Team*, HNSO, 1994.

註6 Sir John Egan, *Rethinking Construction*, HMSO, 1998.

註7 日本以外ではECI（Early Contractor Involvement）という用語はゼネコンが切開段階に関与するこ

と（例えば、ゼネコンによる設計支援、技術協力、デザインビルドなど）の総称として用いられている。

註8 南雲要輔「業務独占権のない英国の建築士と設計部のない建設業」『建築コスト研究』No.102、2018年。

註9 ジェームズ・P. ウォマック、ダニエル・ルース、ダニエル・T. ジョーンズ『リーン生産方式が、世界の自動車産業をこう変える。——最強の日本車メーカーを欧米が追い越す日』沢田博訳、経済界、1990年。

註10 ジョン・ベネット『建設プロジェクト組織——日米欧の比較と2001年展望』プロジェクトマネジメント研究会訳、鹿島出版会、1994年。

第6章——英米における建築プロジェクト運営方式

6.2

英国のRIBA Plan of Workと2段階発注

建築プロジェクトのフレームワーク

RIBAが1963年から発行している「RIBA Plan of Work」は、建築家が発注者とプロジェクトを進める際のフレームワークとして広く利用されている。RIBA Plan of Workは、設計を取り巻く環境の変化を反映して2013年に大改訂が行われ、企画から運用に至るプロジェクトのフローを八つのステージに区分する考え方と、設計・施工分離方式以外の発注方式が組み入れられた。2020年にはBIMやプレファブリケーションに対応し、第10版となる改訂が行われ、設計段階におけるゼネコンや高度な技術を持つ専門工事会社と協業すべきとの方針がより明確に示されている。

0〜7の八つのステージには［表6-1］に示すタイトルがつけられており、各ステージの成果物、主要なコアタスク、主要な法定タスク、発注契約方式のほか、ステージの最後にメンバー間で交換する情報が記述されている。そのうえで、どのステージで誰がどの業務を担うのかを計画する。例えば、施工の難易度が高いと予想されるプロジェクトではステージ3でゼネコンを選び設計に関与させる、ステージ3や4から躯体工事をデザインビルド（「Design & Build」と表記されている）で契約する、外装を大型パネル化してプレファブリケーションする場合はステージ4で専門工事会社とPCSAの契約をする、などの戦略が考えられる。

デザインビルドの場合、1回の入札で総工事費の契約をする1段階発注方式と、設計作業を含む土工事や躯体工事までの工事価格でゼネコンを決め、契約後にゼネコンが設計業務を行い専門工事会社の入札をしながら総工事費の交渉をする2段階発注方式がある。英国のゼネコンは設計者を社内に雇用していないので、デザインビルドの設計業務を担う設計士と業務契約をする。どの設計士と契約するかはゼネコンの裁量だが、基本契約や基本設計で発注者と契約をしていた建築家と契約をすることも少なくない。このように、建築家が発注者との契約からゼネコンとの契約に移行することをノベーション（novation）という。

2段階発注方式の概要

ステージ4でCM契約、ステージ5で固定価格のランプサム契約をする例を用い、2段階発注のプロセスを説明する［図6-3］。

ステージ3までは、発注者、コンサルタント、建築家で設計を行う。ステージ終了段階でQSが作成したコスト計画をコンサルタントが承認し、目標価格がおおむね決まる。その後、発注者はゼネコンとCM契約を締結し、ステージ4を開始する。このステージでは、詳細設計を進めるなかで、建築家、QS、ゼネコンが共同でVEおよび設計変更を行う。ゼネコンはこの段階で、専門工事会社との入札交渉、専門工事会社のリスト、購買工程、購買リスクおよび対策などを記述した購買戦略書（Procurement Strategy）を作成し、QSやコンサルタントに提出する。ステージ4の終了段階でゼネコンは専門工事会社入札レポート（Subcon Tender Report）を用いて専門工事会社に発注をする。このレポートは、専門工事会社への発注を実施したときおよび毎月、QSやコンサルタントに提出する。その後、ゼネコンは発注者と固定価格のランプサムで工事契約を締結する。ステージ5の工事段階における専門工事会社への支払いは、QSによる査定を経て実行される。QSは出来高および未払調書のコストレポートを作成し、コンサルタントに提出をする[1]。

このように、2段階発注とすることで、ゼネコンはCM業務を通して設計やコストの確定度を向上させることができるため、固定価格のランプサム契約というリスクの高い工事契約を受け入れることができる。また、この複雑なプロセスとなるコストマネジメントの遂行は、発注者とゼネコンの間にQSやコンサルタントが介在することで成立している。

	ステージ	日本語意訳	成果物のイメージ
0	Strategic Definition	事業化検討	事業計画の立案
1	Preparation and Briefing	企画	与条件整理、予算提示、プロジェクト期間の設定など
2	Concept Design	基本計画	発注者の要求水準書と建築家のコンセプトの整合性
3	Spatial Coordination	基本設計	開発許可に用いる基本設計図 ・日本の基本設計図よりも情報量が少ないイメージ
4	Technical Design	実施設計	建築許可申請に用いる詳細設計図 ・日本の詳細設計図よりも情報量が多いイメージ ・施工図・製作図が部分的に混在している
5	Manufacturing and Construction	施工	一般の専門工事会社による施工図・製作図
6	Handover	引き渡し	建物および竣工書類の引き渡し、保守の開始
7	Use	運用・維持管理	建物の使用・運営・維持

ステージ3
・発注者、コンサルタント、建築家で設計
・ステージ終了段階でQSがコスト計画を作成し、コンサルタントに提出→目標コストがおおむね決定

発注者はゼネコンとCM契約

ステージ4
・建築家、QS、ゼネコンでVEおよび設計変更
・ゼネコンが購買戦略書を作成し、QSやコンサルタントに提出
・ゼネコンが専門工事会社入札レポートにて専門工事会社に発注
　→専門工事会社入札レポートは発注時および毎月QSやコンサルタントに提出

発注者はゼネコンと固定価格でランプサム契約

ステージ5
・毎月の支払いは専門工事会社の請求書およびQSによる査定書にて実施
・QSが出来高および未払調書のコストレポートを毎月コンサルタントに提出
・専門工事会社の工事が完成後に最終清算作業→発注者とゼネコンが最終金額合意書に署名

［図6-5］**CM契約、固定価格のランプサム契約を例とした2段階発注の流れ**

専門工事会社によるPCSAの併用

　オリジナリティの高いファサードや専門的な設備システムなど、専門工事会社の高度なエンジニアリングがなければ設計を完了できない場合も2段階発注を採用する。この方式では、ゼネコンの同意を得たうえで設計者が推奨する専門工事会社と発注者がPCSAを締結し、実施設計を行う。PCSAでは、確約はしないが工事契約を前提に、ゼネコンや専門工事会社が設計に協力をする。多くの場合、PCSAの専門工事会社は指定会社としてゼネコンが下請契約をすることになる[2]。

註1　伊井夏穂・志手一哉「多様化する発注契約方式の実態に関する研究その2——日英米の比較を通して」『第34回 建築生産シンポジウム』日本建築学会、2018年

註2　南雲要輔「失われてゆく英国の工事監理業務」『建築コスト研究』No.104、2018年。

6.3

米国のIPDに見る
パートナリングの
理想像

IPDの概要

米国で考案されたIPDは、プロジェクトの初期から、発注者、設計者、ゼネコン（工事契約までCMR）が協力して設計を進める枠組みを実現するための契約である。IPDの発端は、米国建築家協会（AIA）が2005年にBIMの活用にもとづいた業務の統合化（IP：Integrated Practice）の概念を発表したことによる。AIAは2007年に「IPDガイド」、2008年に「IPD契約約款」を発表した。その後、民間の発注者が、自社のプロジェクトで使用するIPDの約款を策定している[1]。IPDの約款は、発注者、設計者、CMRの三者間、三者に加えてエンジニアや高度な技術を持つ専門工事会社などを含むもの、対象者で単一契約を結ぶマルチパーティ契約、対象者相互の二者間契約をまとめたものなどいくつかのタイプがある［図6-6］。いずれも、プロジェクトの目標を設定する期間（validation）を設け、ターゲットコストを下回る設計を行う仕組みであるTVD（Target Value Design）、そのインセンティブとなるリスクリワードプラン（Risk/Reward Plan）を導入している点は共通している。

IPDのワークフロー

各IPDでステージの名称やフェーズのアウトプットが多少異なるが、いずれもワークフローに根本的な違いはない。［図6-7］は、筆者が直接話を伺った、カリフォルニアで医療事業を営む発注者「S社」が採用しているIPDのワークフローである。S社は、IFoA（Integrated Form of Agreement）と呼ばれるエンジニアなどを含むマルチパーティ契約の約款を独自に策定している。そのワークフローは「Validation」「Conceptualization」「Design」「Implementation」の四つのステージで構成されている。

Validationのステージでは、発注者、設計者、CMRの三者を中心にコアグループが6〜12週間でValidation Reportと呼ばれる設計要求水準書を作成する。この作業を「Validation Study」という。Validation Reportは、事業計画、建築プログラム、平面プラン、構法計画、諸室や内外装の仕様、空調システム、電力計画、採用技術、リスクアセスメント、工程計画、工事費概算、設計承認の手続き、BIM実行計画、情報共有環境などで構成され、ターゲットコストが示される。その後、Validationの参加者を中心に高度な専門工事会社や各種のコンサルタントを加えてIFoAを締結し、IPDチームを組成する。

IPDチームはConceptualizationとDesignのステージを通してTVDを実施する。S社はTVDを「予算のためのデザインであり、デザインを予算化することではない」と定義し、ターゲットコストを下回るべく協働しながら設計を進める。TVDでは、ターゲットコストに3〜5%の予備費を加えた最大限度額を設定し、それらと設計完了後の最終コストの差分でコアグループの利益が変動するリスクリワードプランで設計をコントロールする［図6-8］。最終コストがターゲットコストを下回れば、その差分をコアグループで分配する。最終コストがターゲットコストを上回った場合、それが最大限度額以下であればCMRの管理フィーの料率が累進的に下がり、最大限度額を超えた費用は発注者の負担となる。S社はこの仕組みを実行するために「Big Room」と呼ぶ大部屋を用意し、そこにIPDチームを常駐させてプロジェクトを進めている。また、BIMを導入し、各者のモデルをリアルタイムで重ね合わせながら設計を行うスタイルをとっている。

IPDの特徴

IPDではValidationのステージからコアグループを形成するため、CMR/ゼネコンを特命で決めざるを得ない。IPDチームに参加させる専門工事会社についても入札の方式をとりづらい。一方で、工事費を決めてからそれを下回るように設計を進めるため、発注者は工事

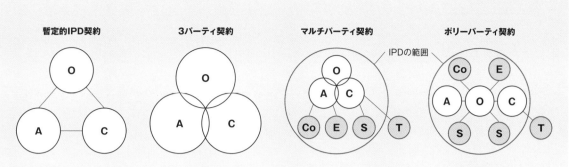

O=発注者　A=設計者　C=CMR/ゼネコン　E=エンジニア　Co=コンサルタント　S=高度な専門工事会社　T=一般的な専門工事会社

[図6-6]**おもなIPD契約のタイプ**

[図6-7]**S社におけるIPDのワークフロー**

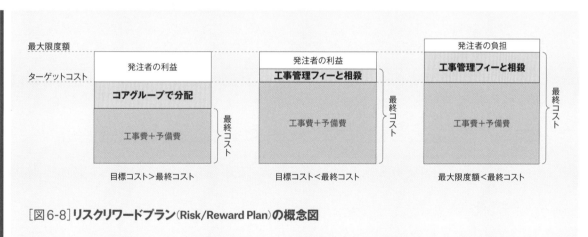

[図6-8]**リスクリワードプラン（Risk/Reward Plan）の概念図**

費の上限を早期に確定することができる。IPDは、長期的な関係にもとづく信頼と利益確保の両面から、発注者にとってローリスク・ハイリターンの仕組みといえる。

註1　田部井明「IPDによる設計・生産業務の新たな国際標準」『第35回 情報・システム・利用・技術シンポジウム論文集』日本建築学会、2012年。

［第2部］建築プロジェクトの現状

立場の違いは利害の相反を招くこともある。

絶対的に正しい見解など、見渡す限りどこにもない。

それでもわれわれは、共感できるルールを敷いて

建築プロジェクトを運営せねばならない。

建設業界内外の環境が変化するなかで

発注契約方式の多様化が必然的であるとしても、

その只中に身を置く実務者にはさまざまな想いがある。

それらは、理路整然とした思考で整理できるものではないが、

主体者間や実務と定石の相違を明示することで、

次なる改善へと進むことができる。

第2部では、多様な発注契約方式に対する実務者の声を聞き、

発注者、設計者、施工者の見解の違いや各者が感じている

メリットやデメリットを詳細に記述する。

それらを通して見えてくるものは、

多様化する発注契約方式への

期待と違和感が玉石混交した世界観である。

競争から協調へとゲームのルールが変わりゆく現在への

戸惑いを乗り越えるための課題設定が必要であることを理解する。

7.1

発注契約方式の
多様化の実態

「何をいつから」ゼネコンに委託するか

　発注契約方式の多様化は、ゼネコンに工事の施工以外の業務を、「何をいつから」委託するかの考え方の広がりと解釈できる。それは、責任を一元化するというリスク管理的な要求を超えて、発注者の要求と目標をコラボレーションで達成しようとする動きである。ゼネコンに設計段階からかかわってもらう場合の業務内容は、①設計業務、②技術協力業務、③マネジメント業務の3通りが考えられる。それらを基本設計から委託するのか、実施設計から委託するのか、プロジェクトの特質に合わせて検討をする。［図7-1］は、日本で実施されているおもな発注契約方式の名称と、「何をいつから」ゼネコンに委託するかの関係を、筆者の見解で整理したものである。

　一般的に、ゼネコンが設計にかかわるタイミングが早いほどデザインの自由度が少なくなり、ゼネコンが持つ技術の導入が遅いほどコストダウン効果が低いとされる。一方で、技術的な難易度が高いデザインの場合は、ゼネコンが設計の早い段階から関与していなければ、実現が難しい場合もある。いずれにせよ、ゼネコンに委託する業務と契約のあり方が重要である。委託する業務の内容と時期が決まれば、設計者の業務範囲や責任も明確になる。例えば、基本設計業務と実施設計業務をゼネコンに発注する場合、設計者のおもな役割は、デザイン、要求水準の策定、概算、ゼネコンによる設計のコスト評価を行う手法の取りまとめなど、発注者への技術的コンサル業務が中心となる。それらの業務は、発注者支援者の活動領域と重複する内容が多い。

ゼネコンに設計業務を委託する場合

　日本では、ゼネコンに設計業務を委託する場合、工事費の何パーセントが設計料というように設計業務が工事請負契約に含まれていることもある。デザインビルドの場合、基本計画や基本設計段階での概算見積りで目標価格がおおむね決まる。そのため、デザインビルドは設計の独立性を損なうという議論もある。しかるに、発注者は、要求水準書や参考図面をできるかぎり具体的に示すべきである。また、ゼネコンが保有する独自技術やノウハウを採用する場合には、その費用対効果を適正に評価することも重要である。それは、建設コストだけでなく、ライフサイクルコストの観点で考える必要がある。

　実施設計と施工をあわせて発注する「詳細設計付工事発注方式」では、基本設計にもとづいて総合評価落札方式でゼネコンを選定し、総価請負契約を締結することもある。特殊な要求や要件のない建物で、基本設計の完成度が高ければ、ゼネコンを選定する際の評価項目は、リーズナブルな設計ノウハウを有するか否か、施工性を考慮した設計ができるか否か、維持運営・修繕費用がかからない設計をできるか否かなど、エンジニアリング的な要素が強くなる。それは、ゼネコンの資質と能力を評価することにほかならない。

　発注者が、機能優先の建物を望む場合や短工期で予算の制約が厳しい場合は、デザインビルドで発注する理由となりやすい。あるいは、責任をゼネコンに一元化することの効用がデザインや価格への期待を上回る場合にも、発注者はデザインビルドの選択になびきやすい。しかし、象徴的な建築や複合用途の施設など、基本設計の完成度を高めることが難しい建物では、実施設計を進めるなかで基本設計に立ち返る検討が必要となる場合もある。その場合、基本設計段階の概算と実施設計後の工事費が乖離する可能性もある。こうしたことが予想されるプロジェクトでは、実施設計段階からのデザインビルドを採用したうえで、設計と施工の段階的な契約を検討する余地がある。

　欧米では、ゼネコンが何らかのかたちで設計を担う場合であっても、設計と施工の契約を分けて行うことがある。その場合、設計の成果物を発注者が引き取って積算し、設計に関与したゼネコンに優先権を与えたうえ

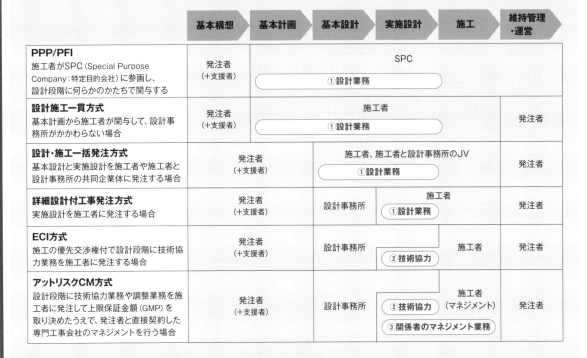

[図7-1] ゼネコンが設計に関与するパターンと発注方式の名称

で入札を行う。このやり方であれば、ゼネコンの設計業務料に対する正当な評価ができる。それに対して日本では、ゼネコンによる設計業務が、業務委託なのか工事請負に含むのかを問うような議論があまり進んでいない。また、鉄骨や特殊設備、ファサードなどのエンジニアリングを要する構法において、専門工事会社に部分的な実施設計業務を委託する仕組みの議論も遅れている。

ゼネコンに技術協力業務を委託する場合

設計段階に技術協力業務をゼネコンに委託するやりかたとしてECI方式がある。ゼネコンの設計段階への関与がなくても、積算基準にもとづいて精度の高い積算をできる発注者であれば、設計・施工分離方式を採用しても、予定価格と入札価格が大きく乖離することはない。ただし、標準的なコスト情報で価格を算定できないディテールや構法が採用されている場合や、資材価格や労務費が大きく変動している市況では、精度の高い積算をしても、予定価格と入札価格が乖離する可能性が高くなる。ゼネコンの見積り価格が予定価格を大きく

上回ると「不調」や「不落」となりやすい。不調とは公共工事の入札で参加者が現れないか足りないことを指し、不落とはすべての入札価格が落札の上限である予定価格を上回ることを指す。いずれにしても入札が成立しないので、再設計などの手戻りやプロジェクトの中断をせざるを得なくなる。こうした事態を防ぐ方策として、設計段階でゼネコンに技術協力を委託する発注契約方式がECI方式である。ECI方式を採用することで、発注者や設計者は、施工に関する知識や情報の不足を補うことができる。また、施工の優先交渉権付なので、技術協力を担うゼネコンに工事の請負を半ば確約させることができる点も、発注者におけるECI方式を採用することのメリットである。

ECI方式におけるゼネコンの役割はエンジニアリングに特化したコンサルティング業務である。設計業務はあくまでも設計者の役割で、ゼネコンの提案を採択するかどうかの裁量は設計者にある。設計者にしてみても、ゼネコンの提案やアドバイスが、コスト縮減や工期短縮に過度に傾注していたり設計のコンセプトを著しく棄損するものであったりすれば、それらを容易に採用できない。それでもゼネコンにしてみれば、提案した技術が採用され

ないことに起因したコストや品質の問題が生じた際に、工事請負者としてその責任を負わされかねないかの懸念が残る。こうした提案技術の採否や問題が生じた際の裁定者は発注者である。ECI方式は、技術の提案と採択で責任が分離してしまうため、主体者間の衝突を起こしやすい。そのため、発注者に、設計者とゼネコンの利害を調整する能力が求められる。

フロントローディングの視点

施工段階に発覚する設計上の問題を設計段階で先回りして解消するために必要となる業務、労力、人材などを施工段階から設計段階にシフトすることを「フロントローディング」と呼ぶ。フロントローディングという言葉が建設業界に登場したのは、2000年代の半ばごろである。その始まりは、BIMや3次元CADの普及に伴い、設計段階における事前検討を効果的に実施することが可能になったことにある。

日本建設業連合会(以下、日建連)は、2019年に『フロントローディングの手引き2019』を公開し、ゼネコンが設計段階に関与することの利点を説明している[1]。設計者の役割には、①建築主ニーズを設計図書に翻訳すること、②施工者に対して工事に必要な情報を提示することの二つがあり、後者について設計者の役割が十分に機能していない場合が多いと日建連は指摘している。その課題に対して、ゼネコンが設計プロセスに関与し、「最も施工性が高く、最も施工品質が高く、最も工事価格に見合う原価で、かつ適正工期による施工を目指し、建築主にとってメリットがある方法を、設計段階でフロントローディングする」ことが日建連の定義するフロントローディングである。つまり、フロントローディングとは、ゼネコンが設計者の役割を積極的に支援し、建築プロジェクトのパフォーマンスを最大化することにその意義がある。

日建連がフロントローディングを説明する際に想定しているのは、1社のゼネコンが基本計画から施工まですべて請け負う**設計施工一貫方式**と思われる。日本のゼネコンは伝統的に設計者やエンジニアを社内に雇用しているが、地方など小規模なゼネコンはそのかぎりでない。それに対しては、設計業務の取りまとめをゼネコンに委託し、建物に求められるデザイン、機能、技術など、プロジェクトの特質に合わせて最善の設計チームを編成するやり方もある。2021年の東京オリンピック・パラリンピックに

向けて建設された新国立競技場のように、アトリエ系設計事務所とゼネコンの組み合わせによるデザインビルドでプロジェクトを遂行する事例は枚挙にいとまがない。また、BIMが普及したことで関係者間のコーディネーションが容易になったこともあり、専門工事会社が実施設計に参加することも少なくない。鉄骨、ファサード、特殊な設備システムなどは、専門家へのエンジニアリング業務の委託が欠かせない。

フロントローディングはゼネコンが主導するとはかぎらない。例えば、設計事務所が専門工事会社と共同で実施設計を行ったり、ある専門領域に限定して専門工事会社に部分的なデザインビルドを発注したりすることも考えられる。このようなケースでは、ノミネーテッド・サブコントラクター(指定工事会社)[2]、**分離発注**方式、**コストオン方式**のいずれかを採用することになる[図7-2]。あるいは、2008年の北京オリンピックのメインスタジアムであった国家スタジアム(通称「鳥の巣」)などのように、エンジニアリング専門の企業がフロントローディングを担う場合も少なくない。ゼネコン以外の主体者に設計支援業務を委託するやり方は、海外で事例が多い。

ゼネコンの設計関与と設計者の領域

デザインビルドは、ゼネコンが単独で設計を担う場合もあれば、ゼネコンが設計事務所と共同で設計を担う場合もある。日本では、ゼネコンが一式で請け負うという意識が強いが、この方式にはコストの透明性を中心にさまざまな意見がある。しかし、発注者の要求水準書が不明瞭なまま設計と施工をあわせて総価請負で契約することのリスクを最小化するために、相応の予備費を見込んだ見積りを提示せざるを得ないのが現実である。その事実を無視して、デザインビルドのコストの透明性を問うのは、公平な議論といえまい。また、デザインで勝負をしたいアトリエ系設計事務所からは、ゼネコンとの共同設計に好意的な意見もある。

一方、組織設計事務所にとってデザインビルドは、自らの業務領域を侵食されるかたちになる。それを是とするか、自らのエンジニアリング力を高めるかは、企業の経営戦略による。海外では、設計者によるデザインビルド(Architect Led Design Build)を実践している企業もある。その草分けである米国のGLUCK＋社によれば、同社の建築家は設計者とコンストラクションマネジャーを兼ねた

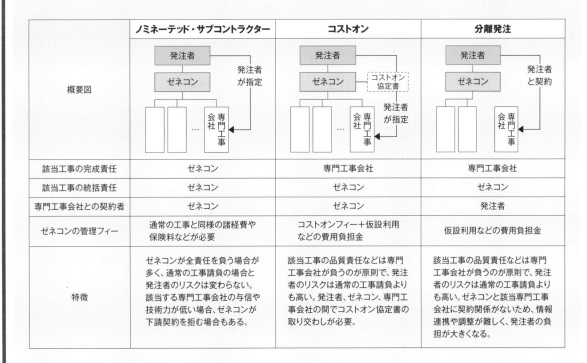

	ノミネーテッド・サブコントラクター	コストオン	分離発注
概要図	発注者／ゼネコン／…会社専門工事　発注者が指定	発注者／ゼネコン／コストオン協定書／…会社専門工事　発注者が指定	発注者／ゼネコン／会社専門工事　発注者と契約
該当工事の完成責任	ゼネコン	専門工事会社	専門工事会社
該当工事の統括責任	ゼネコン	ゼネコン	ゼネコン
専門工事会社との契約者	ゼネコン	ゼネコン	発注者
ゼネコンの管理フィー	通常の工事と同様の諸経費や保険料などが必要	コストオンフィー＋仮設利用などの費用負担金	仮設利用などの費用負担金
特徴	ゼネコンが全責任を負う場合が多く、通常の工事請負の場合と発注者のリスクは変わらない。該当する専門工事会社の与信や技術力が低い場合、ゼネコンが下請契約を拒む場合もある。	該当工事の品質責任などは専門工事会社が負うのが原則で、発注者のリスクは通常の工事請負よりも高い。発注者、ゼネコン、専門工事会社の間でコストオン協定書の取り交わしが必要。	該当工事の品質責任などは専門工事会社が負うのが原則で、発注者のリスクは通常の工事請負よりも高い。ゼネコンと該当専門工事会社に契約関係がないため、情報連携や調整が難しく、発注者の負担が大きくなる。

[図7-2]ノミネーテッド・サブコントラクター、コストオン、分離発注の違い

人材で、施工方法と設計の間のフィードバックを流動的に行うため、設計、コスト、スケジュールの優先順位を明確にできるという[3]。

　設計者による施工関与を支える技術として、建物の構成要素や空間をあらかじめ工場で製作するプレファブリケーションがある。プレファブリケーションは、建設技能労働者不足の解消や発生処理剤の抑制による自然環境問題への配慮など、それを採用するメリットが多様である。シンガポールでは、プレファブリケーション技術をDfMA（Design for Manufacturing and Assembly）と称し、それらを一定量採用することを設計者に課している。シンガポール政府の建築建設庁（Building and Construction Authority）は、具体的な事例を整理し、それらの技術資料を公開することで、ゼネコンが関与しなくてもDfMA技術を採用できるように制度設計をしている[4]。

　各主体者の強みや懸念を理解し、各々のモチベーションを高めるチームを組み立てることができれば、プロジェクトの生産性を最大限に高められる。反対に、立場の異なる主体者の思考を理解しないまま、発注者の一方的な視点で選択された発注契約方式では、プロジェクトの運営で支障をきたす可能性がある。

註1　日本建設業連合会編『フロントローディングの手引き2019』日本建設業連合会、2019年。

註2　発注者がゼネコンに対し、下請として採用することを指定した専門工事会社。

註3　GLUCK+社ウェブサイト（2021年12月29日閲覧）。

註4　Building and Construction Authority（BCA）ウェブサイト（2022年4月29日閲覧）。

7.2

多様な
発注契約方式を
評価する視点

実務者による評価の重要性

近年、発注契約方式は各国で多様化している。日本においても、設計と施工を分離して発注する「設計・施工分離方式」、設計と施工を合わせて発注する「設計・施工一括発注方式」、基本設計と実施設計以降を分けて発注する「詳細設計付工事発注方式」、設計段階に施工の知見で技術協力をする業務をゼネコンに発注する「ECI方式」などが公共工事でも行われるようになっている［図7-1］（P. 073）。

これらの発注契約方式については、国土交通省の「公共工事の入札契約方式の適用に関するガイドライン」に特徴や効果があげられている。しかし、そこで想定されている各方式のメリットや課題と、現場の実務で感じている効果や課題が一致しているとはかぎらない。このギャップ感を整理することが、多様な発注契約方式の理解を深めることにつながる。そのためには、実務者が、各発注契約方式の利点や課題をどのようにとらえているかを把握する必要がある。本節と次節では、2016年に建設プロジェクト運営方式協議会調査委員会の作業部会で実施した、発注契約方式ごとのメリットとデメリットを把握するワークショップで得られた知見を紹介する[1]。

このワークショップは、国内で各方式の発注契約がどのように行われているか、それらについて立場の異なる各実務者がどのように感じているかを明らかにするために、デベロッパー系の発注者、組織設計事務所、ゼネコン生産部門の実務者を対象として行ったものである。

以降、本章では、組織設計事務所を「設計者」、ゼネコンを「施工者」と表記する。ワークショップは2016年4～9月の間に計7回実施し、その結果を評価項目と主体者からなるマトリクスとして整理した。検討の対象とした発注契約方式は、「設計・施工分離方式」「詳細設計付工事発注方式」「設計・施工一括発注方式」「ECI方式」の四つとした。

評価項目と評価の視点の設定

このワークショップでは、最初に、各発注契約方式を相対的に比較できるように評価項目と評価の視点を定めた。例えば、「品質面で利点がある」と一口にいっても、不具合や契約不適合を抑止する視点と、付加価値の創出に対する期待の視点では、評価する項目や意味合いが異なるためである。この評価項目と視点の作成にあたっては、発注者、設計者、施工者の実務者に加え、リスクや責任に対して客観的な意見を組み込むために、建築プロジェクトを専門とする法律事務所と、発注者支援の実務者であるPM/CMコンサルタントにも参加していただいた。この結果、評価項目と評価の視点は、［表7-1］に示す四つの分類と14の評価項目に整理された。なお、議論の参加者が異なれば、抽出される評価項目や視点が変わる可能性はある。しかし、品質、コスト、期間といった建築プロジェクトの普遍的な評価軸をブレイクダウンしたこの評価項目と評価の際の主要な視点は、ある程度、一般化できると考えている。

品質（Q: Quality）については3項目をあげている。最初に、契約不適合責任の対象となるかどうかで分け、対象となるものを「基本品質の確保」とした。そして、契約不適合責任の対象とならないもののなかで、発注者の要求を満たし満足させるような品質や性能の確保を「要求品質の確保」とし、出来栄えの悪さ、施工ミス、手抜きなど、設計で要求する品質や性能の確保を「施工不良の発生の防止」とした。

コスト（C: Cost）については、四つの項目を設定した。まずディテール、空間、材料など仕様の早期決定で積算の精度を向上できる内容を「設計の確定度」とした。また、構法、施工方法、工程計画の程度による見積り条件の確定度を「工事費の確定度」とし、施工性を向上させるためのノウハウ・提案の採用を「工事費の抑制」とした。また、ライフサイクルコストを低減するノウハウや提

[表7-1] 発注契約方式の評価の視点

分類	評価項目	評価内容	評価の際の主要な視点
品質 (Q)	基本品質の確保	契約不適合責任の対象となる基本品質に対する責任区分	契約不適合の対象となるような、建築として最低限保証されなければならないと考えられる欠陥に対する品質や性能の確保
	要求品質の確保	明示的に要求された品質に対する責任区分	上記以外で、発注者の要求を満たし満足させるような品質や性能の確保
	施工不良の発生の防止	第三者による施工の監視	出来栄えの悪さ・施工ミス・手抜きなどの防止、設計が要求する品質や性能の確保
コスト (C)	設計の確定度	積算の精度向上	ディテール、空間や材料などの仕様の決定
	工事費の確定度	見積り条件の確度	構法・施工方法・工程計画の決定
	工事費の抑制	企画・設計・施工における専門知識の十分かつ時宜にかなった活用	施工性を向上させるためのノウハウ・提案の採用
	維持管理費の抑制	維持管理費抑制に向けた提案	ライフサイクルコストを低減するノウハウ・提案の採用
期間 (D)	設計期間	設計期間の短縮	基本設計開始から実施設計完了までの期間
	施工期間	工期の短縮	着工から竣工までの期間
横断型	設計条件	仕様の早期確定	発注者による品質や性能に対する要求の明示や確定
	設計上の不整合	設計段階におけるQCDの担保	各種設計図面間の相違、各種設計図面と主たる躯体・設備間の調整
	VE(Value Engineering)	価値や品質を維持した提案	請負金額確定前に採用を検討する設計者や施工者によるVE
	施工者独自のノウハウのさらなる活用	早い段階での構法の折り込み	施工者や専門工事会社が保有している独自技術・特許を利用することによるプロジェクトへの貢献
	設計者独自のノウハウのさらなる活用	早い段階での設計独自のノウハウの折り込み	設計者が保有している独自技術・特許の利用や、空間・意匠のデザインによるプロジェクトの事業性向上への貢献

案の採用を「維持管理費の抑制」とした。

　期間(D：Delivery)については、「設計期間」と「施工期間」の二つの項目に分類した。なおプロジェクト全体の期間はこれらを組み合わせて決まると定義した。

　そのほか、QCDのすべてに関係する評価項目もあり、これらは横断型として五つの項目を設定した。発注者による品質や性能に対する要求水準の明示や確定を「設計条件」、各種設計図面間の相違、各種設計図面と主たる躯体、設備間の調整など、設計段階で品質、コスト、期間を複合的に担保する項目を「設計上の不整合」、請負金額の確定前に採用を検討する、設計者や施工者による価値、品質を維持したコストダウンの提案を「VE(Value Engineering)」、施工者や専門工事会社が保有している独自技術や特許を利用することによるプロジェクトへの貢献を「施工者独自のノウハウのさらなる活用」、設計者が保有している独自技術や特許の利用、空間や意匠のデザインによる事業性向上への貢献を「設計者独自のノウハウのさらなる活用」とした。

　議論の進め方は、まず「設計・施工分離方式」について発注者の視点で議論をし、各評価内容について整理をした。次に、その結果に対する施工者と設計者の意見を議論して「設計・施工分離方式」のマトリクスを完成させた。それを基準として、「詳細設計付工事発注方式」「設計・施工一括発注方式」「ECI方式」について議論をして、各発注契約方式のマトリクスを完成させた。次節では、これらの評価項目や視点に則って、各実務主体者が発注契約方式ごとに議論を行った結果を紹介する。

註1　伊井夏穂・志手一哉「多様化する発注契約方式の実態に関する研究──ヒアリング調査を通して」　『第33回 建築生産シンポジウム論文集』日本建築学会、2017年

7.3 実務者から見た各方式の利点と課題

設計・施工分離方式への各主体者の意見

設計・施工分離方式について［表7-2］、発注者は、デザイン性の高い建物を入手できる一方で、設計の不整合の解消が不十分なまま施工者による生産設計に移行する可能性があり、その設計責任の所在が明らかでないことを懸念事項としてあげた。また、この不整合の是正でスケジュールが遅延する可能性も懸念事項としてあげている。具体的には、建築確認の変更申請をする必要が生じた場合が想定される。

設計者は、デザインの自由度に制約を受けない利点がある反面、設計上の不整合があった場合に工事監理段階でコストを含む調整が必要となる可能性や、不整合で発生した設計責任に対して自分たちが経済的な負担能力に欠ける場合があることを課題としてあげている。

施工者は、施工者決定後に施工計画を実施することになるため、施工条件の検討が不十分なまま設計が行われていた場合に、工事契約後にコストの増加や工期遅延のリスクが生じるとしている。また、設計上の不整合に伴う工事期間中の設計変更が施工上の品質や工期に悪影響を与える可能性や、コスト増になりやすいことを懸念事項としてあげている。

詳細設計付工事発注方式への各主体者の意見

詳細設計付工事発注方式について［表7-3］、発注者は、施工者の意見を実施設計に反映することで設計の手戻り（見直し）を抑制できるとしている。その一方で、基本設計者によるディテールへのこだわりが排除されてしまう可能性があるとしている。

設計者は、実施設計以降の設計責任を施工者に負ってもらえることを利点と感じている一方で、実施設計以降の価格の妥当性を確保できない可能性を懸念事項としてあげている。

施工者は、後述する設計・施工一括発注方式と同様に、設計上の契約不適合の可能性を施工の視点から事前に軽減できること、また、設計・施工分離方式では無償で行っていた生産設計について報酬を得られることを利点としてあげている。一方で、基本設計がコストや工程面から見て現実的でなかった場合には、実施設計段階で基本設計まで立ち返った再設計が生じる可能性があることを懸念している。

そして三者とも、基本設計の不整合の解消が中途半端なまま実施設計に移行した場合、実施設計段階で不整合の解消が必要になる可能性やその責任の所在が明らかでない、つまり基本設計と実施設計の間における設計責任の線引きが難しいことを懸念事項としてあげている。

設計・施工一括発注方式への各主体者の意見

設計・施工一括発注方式について［表7-4］、発注者は、施工者選定に伴う準備が不要なため設計期間を確保できることや、施工計画を踏まえた合理的な設計が可能になるとしている。コストについては、施工者独自の技術や特許を反映した経済的な設計が可能としている一方で、第三者のチェック機能が働きにくいことや、工事価格の妥当性の判断が難しいことを懸念事項としてあげている。

施工者は、設計上の契約不適合の可能性を施工の視点から事前に軽減できることや、これまで位置づけがあいまいなまま行っていた生産設計の報酬を得られること、施工者選定時に要求水準や設計与条件の不確

[表7-2]「設計・施工分離方式」に対する意見の要約

品質 (Q)	利点	—	
	懸念	設	設計上の契約不適合があった場合に、設計事務所では経済的な負担能力に欠ける場合がある
コスト (C)	利点	発 設	時間をかけた精度の高い積算が可能
		設	工事の仕様を確定させ、精度の高い積算が可能
	懸念	施	発注者の見積りと施工者の見積りに乖離があった場合に、設計の内容に踏み込んだ調整ができない
		発	発注者と設計者が行う積算では、施工者の積算と差が生じる可能性がある
期間 (D)	利点	発	仕様を確定してから工事を発注するため、契約変更を伴う工事遅延を防ぐことができる
	懸念	発	予算確保→積算→工事発注となるため、設計から工事まで含めた期間が長くなる
		発	VE提案の採用に伴う設計の手戻りや再設計が発生し、設計期間が長くなる可能性がある
		施	施工者決定後に施工計画となるため、施工条件の検討が不十分な設計の場合、コスト増や工期遅延のリスクがある
横断型	利点	発	デザイン性の高い建物を入手できる
		設	デザインの自由度に制約を受けない
	懸念	発	設計上の不整合の解消が未完のまま生産設計フェーズに移行する可能性があり、その責任の所在が明らかでない
		発	不整合の是正によるスケジュールの遅延などの可能性がある
		施	不整合に伴う工事期間中の設計変更が、結果として施工段階の品質・工期へのしわ寄せやコスト増になりやすい
		設	不整合があった場合は工事監理段階でのコストを含む調整が必要となる可能性がある

発 発注者の意見　設 設計者の意見　施 施工者の意見

[表7-3]「詳細設計付工事発注方式」に対する意見の要約

品質 (Q)	利点	施	設計上の契約不適合の可能性を施工の視点から事前に軽減できる
		施	従来無償サービスであった生産設計の対価を得ることができる
		設	実施設計以降の設計責任を施工者に負ってもらうことができる
	懸念	—	
コスト (C)	利点	発	基本設計者のチェック機能が働くこと
		施	範囲は限定されるが見積り条件の不確定度を見込んだ見積りとすることでリスクを回避できる
		設	基本設計段階での概算で予算が確定することも多く、それ以降の積算精度の向上は要求されないこと
	懸念	発	基本設計者のこだわりのあるディテールが排除される可能性がある
		設	実施設計以降の価格の妥当性が確保できない可能性がある
期間 (D)	利点	発	設計期間について、施工者の意見を実施設計に反映することで設計の手戻りを抑制できる
		発	設計の詳細の詰めを一部施工段階での並行作業にするなどで、全体工期の短縮を検討できる
		施	上記と同様の理由で、全体工期遅延のリスクの回避を検討できる
	懸念	施	基本設計がコストや工程面から現実的でなかった場合には、基本設計まで立ち返った再設計が生じる可能性がある
横断型	利点	発	施工者独自の技術や特許の活用が可能
		施	実施設計範囲に限定されるが、自らのノウハウや固有技術を活用した現場条件に適した設計、合理的な設計が可能
	懸念	発 設 施	基本設計の不整合の解消が中途半端なまま実施設計に移行した場合には、実施設計段階での不整合の解消が必要になる可能性とその責任の所在

発 発注者の意見　設 設計者の意見　施 施工者の意見

定度を見込んだ見積りとすることで工数増加などによるリスクを回避できることを利点としてあげている。一方で、発注者の要求水準や設計与条件が不確定なまま性能発注が行われると不確定部分の作業、コスト、工期が増加する可能性を懸念事項にもあげている。

ECI方式への各主体者の意見

ECI方式について［表7-5］、発注者は、実施設計段階から設計と施工の視点による相互チェックが可能であり、施工不良の発生防止につなげることができる一方で、技術協力が設計にかかわる内容を含む場合、設計者と施工者の業務区分や責任区分があいまいになる可能性を指摘している。また、設計者と施工者の相互チェック機能が働き、作業プロセスの効率化が工事費の抑制につながる反面、施工者以外は提案内容の工事原価の構成がわかりにくいことや、施工者からの提案を採用する判断が設計者に委ねられるため合理的な判断にならない可能性があることをあげている。期間については、施工者の意見が早期に計画に反映できる可能性が高く、設計の手戻りの抑制が期待でき、全体期間の短縮が可能となる反面、設計者と施工者の調整に時間を要する可能性があることを指摘している。

設計者は、施工者の提案を踏まえた設計ができることを利点としてあげている一方で、仮に工事契約段階で施工者が別のゼネコンに切り替わった場合、技術協力者の保有技術や特許を採用していると、設計の見直しが発生する可能性があることを危惧している。

施工者は、施工者が参画する段階で設計図書を確認し、施工の観点で助言を行うことで、設計上の不整合をあらかじめ解消しておけることを利点としてあげている。

見えてくる課題

これらを比較すると、各主体者間で意見の食い違いが生じているのは、設計段階における建設コストに関する見解である。設計・施工分離方式について、発注者は、工事の入札前に設計図書を完成させるため、精度の高い積算が可能だが、設計に施工者が関与していないため、設計の内容を完全なものにはできず予定価格と工事価格が乖離する可能性があると指摘してい

る。施工者も同様に、施工条件の検討が不十分な設計図書では、入札や工事期間中にコストが増えるリスクがあるとしている。それに対して設計者は、じっくり検討した実施設計の詳細図面にもとづいた精度の高い積算ができるため、予定価格の妥当性を確保できるとしている。これは、設計を確定する内容や時期に対する設計者の認識が、発注者と施工者の見解とずれがある可能性を示唆している。

反面、このワークショップで三者に共通して見えてきた課題もある。「設計の不整合」は、設計者を含めた三者がともに、「設計の不整合は起こり得るもの」という前提に立ち、不整合が起きた場合の工期とコストへの影響、その責任の所在について懸念を示している。公共工事の競争入札では、設計・施工分離方式が原則であるため、設計図書に不整合などの不備はなく、設計〜工事発注〜施工がウォーターフォール型のプロセスで手戻りなく進むことを前提にしている。しかし実態は、民間工事にしろ公共工事にしろ、着工後の定例会議や分科会において設計上の不整合に対処する擦り合わせ的な調整が頻繁に行われる。発注者と施工者は、不整合への対処で生じる修正を設計者由来の設計変更と認識している。この変更の解消が、発注契約方式の多様化に対する両者の期待である。

見積りの精度や設計の不整合に関する問題は、発注者が施工者を設計段階からプロジェクトに関与させる方式を選択し、実施設計と生産設計を並行することで削減することができる。しかし、主体者間の意見が相違した場合の調整という、新たな役割を発注者が担うことになる。本ワークショップにおいても、設計責任の分担が明確である設計・施工分離方式と設計・施工一括発注方式ではこの調整業務について特段の意見があがらなかったが、ECI方式については、発注者が懸念事項としてあげている。また、設計・施工一括発注方式や詳細設計付工事発注方式では、デザイン面やコストの妥当性の確認について難があるとの意見も発注者からあがっている。すなわち、各発注契約方式の利点と課題にはトレードオフの関係がある。発注者自身がそのプロジェクトで何を重要視するかによって、メリットとデメリットのバランスが変わることに留意しなくてはならない。

[表7-4] 「設計・施工一括発注方式」に対する意見の要約

品質 (Q)	利点	発	契約不適合があった場合に設計者と施工者のどちらに責任があるかで揉めることがない
		施	設計上の契約不適合の可能性を施工の視点から事前に軽減できる
		施	従来無償サービスであった生産設計の対価を得ることができる
	懸念		―
コスト (C)	利点	発	施工者独自の技術や特許を設計に反映することが可能
		施	施工者選定時に見積り条件の不確定度を見込んだ見積りとすることでリスクを回避できる
	懸念	発	第三者のチェック機能が働きにくく、価格の妥当性の判断が難しい
期間 (D)	利点	発	施工者を選定するための準備が必要ないため設計期間を確保することができる
		発	設計と施工の調整が初期から1社で行われるためスケジュールのコントロールがしやすい
		発	設計の詳細の詰めを部分的に施工との並行作業にすることで、全体工期の短縮ができる
		施	上記と同様の理由で、全体工期遅延のリスクを回避できる
	懸念		―
横断型	利点	発	設計図書に不整合が生じた際、発注者はリスク・リカバリーをすべて施工者に委ねることができる
		施	施工者独自の技術や特許の活用が可能
		施	設計者と施工者が同一組織であるため調整がしやすい
		施	自らのノウハウや固有技術を活用した現場条件に適した設計、合理的な設計が可能
	懸念	施	発注者の要求仕様や設計要件が不確定なまま性能発注が行われると、不確定部分の作業・コスト・工期が増加する可能性がある

発 発注者の意見　施 施工者の意見

[表7-5] 「ECI方式」に対する意見の要約

品質 (Q)	利点	発	実施設計段階から設計と施工の視点による相互チェックが可能であり、施工不良の発生防止につながる
		施	施工の観点から設計に不具合が生じないよう合理的な提案ができる
		設	施工者の提案を踏まえた設計ができる
	懸念	発	技術協力が設計にかかわる内容を含む場合、設計者と受注者の業務区分・責任区分があいまいになる可能性がある
コスト (C)	利点	発	設計と施工の相互チェック機能が働き、作業プロセスの効率化が工事費の抑制につながる
		発 設 施	施工者のノウハウや提案を反映させることにより、設計の確定度や積算の精度が向上し、増加費用の負担をめぐる議論・調整が回避しやすくなる
	懸念	発	施工者以外は原価構成がわかりにくい
		発	施工者からの提案を採用する判断が設計者に委ねられるため、合理的な判断にならない可能性がある
期間 (D)	利点	発	施工者の意見が早期に計画に反映できる可能性が高く、設計の手戻りの抑制が期待でき、全体期間の圧縮が可能
		設	施工者との調整に時間を要する反面、設計の手戻りが避けられる
	懸念	発	設計者と施工者の調整に時間を要する可能性がある
		設	技術協力会社が施工者に選ばれなかった場合、設計の見直しが発生する可能性がある
横断型	利点	発 設	施工者独自の技術や特許の活用が可能
		施	施工者が参画する段階で設計図書の確認と助言を行い、不整合をあらかじめつぶしておくことができる
	懸念	発	設計上の不整合の解消が未完のまま生産設計フェーズに移行する可能性があり、その責任の所在が明らかでない

発 発注者の意見　設 設計者の意見　施 施工者の意見

8.1

多様な
発注契約方式の
採用経験と認識

ヒアリング調査概要

本章から11章までは、多様化する建築プロジェクトの発注契約方式を各実務者がどのようにとらえているかの実態を探るため、7章で紹介したワークショップに引き続き、建設プロジェクト運営方式協議会調査委員会の協力を得て筆者らが実施した実務者ヒアリング調査の結果を紹介する。なお本調査は、統計的な集計をすることが目的ではなく、原則対面・対話形式のヒアリングによって、各実務者の生の言葉を抽出することを目的としている。

本調査は、2018年8月から2019年1月にかけて、[表8-1]に示す全30社の発注者、設計者、施工者、発注者支援者を対象に実施したものであり、おもな質問項目は「発注契約方式について」「要件整理と設計変更について」「第三者による発注者支援について」の3項目である。

この8章では、発注者からの回答について、主要な意見と傾向を解説する。

発注契約方式の選択

まず、これまでにどのようなプロジェクト発注契約方式の経験があるかのヒアリングを行った結果が、[表8-2]である。

公共発注者については、会計法にて永く価格競争による施工者選定が原則とされていたことにより、基本となる発注方式はいずれも「工事の施工のみを発注する

方式（設計・施工分離方式）」と回答している。デザインビルドのような設計図書のない状態で施工者を選定する方式では、会計法の定める価格競争による選定が難しいためである。ただし、県の発注者と市の発注者のうちのひとつからは、特殊な用途の建物などではデザインビルドも経験があるとの回答があり、これは近年の国土交通省による多様な入札契約制度の導入促進を受けた動きであると考えられる。

一方で、民間発注者は複数の発注契約方式の経験を有しているとの回答が多いが、その理由は回答者によりさまざまである。例えばデベロッパー系の発注者は、「おもには設計・施工分離方式を採用しているものの、設計段階の工事費概算と施工者の工事費見積り額の乖離が大きいことから、徐々にデザインビルドの採用が増加している」との回答であり、一方で学校法人の発注者は、「これまでに経験した建種が校舎や寮など多岐にわたるため、それに応じてすべて異なる発注契約方式を採用してきた」との回答であった。つまり、デベロッパーが扱う収益物件では正確なフィージビリティ・スタディのための予算設定とその順守がプロジェクトの優先課題であり、学校法人の発注者の場合はさまざまな建種に合わせた専門性の取得が重要であったと推測され、発注契約方式の選択によってそれらの課題解決を図っているものと考えられる。

なお、複数の発注契約方式の選択ではなく、おもに「デザインビルドのみを採用している」と回答したのが、製造業の発注者2社である。この理由については、これらの発注者が建設する建物の主用途が、生産施設や研究所である点が関係していると推測される。立地やマーケットに合わせて建物用途から企画するようなデベロッパーの収益物件では建物そのものの魅力づけが非常に重要であるのに対し、生産施設や研究所はそこで生み出される製品や成果こそが重要であり、建物はその生産・研究活動を下支えする役割を担う。必要な機能を迅速に確保することに比べて意匠性や象徴性などの付加価値の優先度が高くないため、それであれば設計もゼネコンにまとめて託してしまったほうが合理的という考え方もできる。

また、デザインビルドで課題になりがちな設計施工者選定に資する設計要件の提示についても、生産施設や研究所の場合は機器諸元表などにより比較的発注者が定量的に示せる場合が多く、また発注者内部の施

[表8-1] ヒアリング回答者一覧

発注者	公共	県	1社	11社
		市	2社	
	民間	デベロッパー	2社	
		商業事業者	1社	
		鉄道事業者	1社	
		製造業	3社	
		学校法人	1社	
設計者	組織設計事務所		6社	6社
施工者	大手ゼネコン		2社	10社
	準大手〜中堅ゼネコン		7社	
	地場ゼネコン		1社	
発注者支援者	CM会社		3社	3社
合計				30社

[表8-2] 各発注者が基本としている発注契約方式

発注者		基本としている発注契約方式	その他の方式の採用
公共	県	設計・施工分離	たまにデザインビルドもある
	市A	設計・施工分離	たまにデザインビルドもある
	市B	設計・施工分離	
民間	デベロッパーA	設計・施工分離	たまにデザインビルドもある
	デベロッパーB	設計・施工分離 デザインビルド	ここ2〜3年、中小規模案件はデザインビルドにシフト
	商業事業者	(親会社にて方式を決定)	近年はECIが主流
	鉄道事業者	設計・施工分離 デザインビルド	工事規模が大きいほど設計・施工分離が多い
	製造業A	デザインビルド	設計事務所などを間に入れてのゼネコン発注もある
	製造業B	デザインビルド	
	製造業C	設計・施工分離 デザインビルド ECI	
	学校法人	設計・施工分離 デザインビルド	

設部などでこれらのデータを定常的に保有・管理している場合も多い。このため、要件をあらためて抽出し社内の合意形成を得るといった煩雑なプロセスや、各設計施工者の提案を定量的に評価するといったプロセスが、他の建種に比べて課題になりにくいことも考えられる。

このように、民間発注のプロジェクトにおいて各発注者がどのような発注契約方式を選択しているかは、①建物用途と、②そのプロジェクト固有の特性(自社利用物件／収益物件など)、そして③発注者自身に類似発注の経験値がどれだけあるか、に関係していると読み取れる。逆にいえば、特段の理由がなく慣例的に特定の発注契約方式のみを選択している発注者の場合は、上記の視点でプロジェクトをとらえ直すことで、より適した発注契約方式を選択できる可能性がある。

施工者が早期参画する方式の効果

次に、デザインビルドに代表される、施工者が設計段階から早期参画する方式について、各発注者の主要な意見を整理したものが[表8-3]である。一般的に理解されている施工者が早期参画することによる効果や課題は、第2章2節の[表2-1]「各契約方式の特徴と

効果など」(P. 027)を参照いただくこととし、ここでは特にそれらの一般的な理解と実務者のとらえている実態とが合致しているのか、または乖離しているのかについて着目したい。

まず施工者が早期参画する方式を採用することの効果について、公共の発注者からは「超高層で免震と制振が入っている非常に複雑な建物であったため、発注者自身ではまとめられなかった」との回答があった。またデベロッパーからは「過去に設計事務所による基本設計・実施設計にもとづき施工者入札を行った際に、工事予算から大きくコストオーバーランした例があった」「都心狭小案件の場合、ゼネコンの施工提案を含めた基本計画を立てないと実際に施工ができなくなったり、仮設計画によって意図していたボリュームを確保できなくなったりするリスクがある」との回答があった。鉄道事業者からは「施工者ならではの経済設計やスピーディーな概算コストの提示によりVE提案の採否が早まった」との回答も見られた。つまり、設計段階からの施工者の技術検証やVE提案の活用、また詳細な施工計画の見極めにより、プロジェクトの確度を高められることを大きな効果としている。これは、[表2-1]で設計・施工一括発注方式および詳細設計付工事発注方式の効果としてあげられ

ている内容と同じである。

施工者が早期参画する方式の課題
（契約前）

　一方で、課題もあげられた。まず公共の発注者からは、「市内の設計者や施工者のなかには、設計と施工を分離した発注契約方式以外には抵抗感がある方たちもいる」との回答があった。公共工事発注の大きな特徴のひとつが地元企業の活性化の役割を担っている点であり、透明性・説明性の高い選定プロセスを踏みつつも地元企業への受注機会を創出したいという思惑がある。一方で地元企業は、設計部門を持たない純粋な施工会社も多い。このようななかで設計施工一貫方式のように施工者が設計部門を擁していることを前提とした発注が行われた場合、地元の設計事務所も、設計部門を持たない施工会社も、ともに応札機会を失うことになるのである。

　また公共発注者からは、「設計施工者を公正に選定するための作業に多くの時間と労力を割くことになるため、安易に採用できない」「工事費の精査や透明性の説明が難しく、それに対する事例も少ないため、やりようがないのが現状」「契約の標準がないため業務の仕様を決めるときに施工者と行政で意見の対立が起きやすい」などの回答が得られた。これは［表2-1］の設計・施工一括発注方式および詳細設計付工事発注方式で効果としてあげられている「設計と施工を分離して発注した場合に比べて発注業務が軽減される可能性がある」とは真逆の意見である。そしてこの意見の乖離は、公共工事における採用実績がまだまだ少ないことにも起因していると考えられる。例えばプロジェクトにどの程度の特殊性があればECI方式やデザインビルドを採用する理由になるか、またその選定要項書や業務仕様書の事例などが蓄積されることで、発注業務の負荷が軽減していく可能性は十分にある。ただ今回のヒアリングでは、公共発注者からは特殊な技術が必要な場合を除き、総じて施工者が早期参入する方式の採用には消極的な姿勢がうかがえた。

施工者が早期参画する方式の課題
（契約後）

　契約後の課題については、設計施工一貫方式を対象にしたものでは、デベロッパー系発注者より「特に大きな問題はなかったが、工事監理者も設計者と同じゼネコンの別部署の担当者となるため、第三者性に欠ける」との回答があった。これは［表2-1］ではあげられていない視点であるが、製造業の発注者からも同様に、この第三者性の確保のために「設計施工一貫方式の場合は、発注者と受注者の間にコンサルを入れることが大前提」との言及があった。

　またECI方式を対象とした課題では、鉄道事業者から「施工者が設計提案をすることにより、設計者・施工者の責任区分が不明確になってしまい、両者の関係性が悪くなりかけた」との回答があった。同様に製造業の発注者からも「設計事務所が設計するのは逆にわかりにくく、設計はしなくてもよいのではないかと思う」「設計事務所が設計をすると、その設計と施工者の技術提案を見比べないといけなくなる」といった意見もあり、ECI方式の場合の設計プロセスの難しさがうかがえる結果となった。

　これらの回答を見てわかる通り、設計施工一貫方式を採用する場合に求められているのはプロジェクトの「監視者」の役割であり、ECI方式の場合は「調整者」の役割が求められる。そして発注者内部技術者のマンパワーや技術力に不安がある場合には、これらの役割を外部の発注者支援者に委託することになる。このため、施工者の早期参画の動向と発注者支援者の需要には、非常に密接な関係がある。

　例えば国土交通省がCM方式研究会を設置したのは2000年12月であり、PM/CM専業会社の多くがこの前後に設立されているが、公共工事での反応は鈍くCMの採用が一般化したとは言い難い状況が長く続いた。途中、2011年の東日本大震災の復興事業で請負型のCM方式が一時的に着目されることはあったものの、大きな契機になったのは2014年の公共工事品確法の改正とその翌年の「公共工事の入札契約方式の適用に関するガイドライン」の公表である。これにより公共発注者に多様な発注契約方式の選択肢が提示されると同時に、CMの採用が促進された。すなわち、公共工事ではそれ単体ではなかなか普及しなかったCMが、

[表8-3]「**施工者が早期参画する方式の効果と課題**」に関する回答

		効果							課題				
		VE提案・コスト低減	特定の施工技術・特許技術の導入	工期・納期の精度向上	設計の合理化	設計の進度向上	コストの精度向上	施工時のトラブル減少	発注者の手間・検討費用の増加	市内の設計者・施工者からの抵抗	前例・ノウハウがない	透明性の確保	意匠性の低下
公共	県		●						▲				
	市A		●							▲	▲	▲	
	市B												
民間	デベロッパーA	●											
	デベロッパーB	●			●							▲	▲
	商業事業者												
	鉄道事業者	●				●			▲				
	製造業A			●				●					
	製造業B			●									
	製造業C	●											
	学校法人			●			●						

発注方式の多様化との両輪のスキームになることで、広く
一般化しつつあるのが現在の状況である。

8.2
発注者自身で
要件整理は可能か

要件整理の仕方

設計に必要な要件を発注者内だけで整理できているかの質問を行った結果が［表8-4］である。公共の発注者はすべて「できている」との回答であった。ただし、「県庁内においては営繕課がいわば他の部署の発注代行を行うが、市町村においては住宅供給公社(JKK)が入り発注者支援的なことを行っている」との回答もあり、一言で公共発注者といってもその規模によって幅があることがうかがえた。一方で民間発注者のほとんどは要件整理を社内だけではできていないとの回答であったが、唯一できていると回答したのはデベロッパーであり、「インハウスエンジニアがいるため可能」との回答であった。公共・民間とも、内部技術者を十分に保有し工事発注業務を日常的に行っているかどうかが、要件整理を組織内でできるかどうかの差異になっていると考えられる。

また、製造業Bからは「特に法律・行政に関する点は、内部では検討できない」との回答があったが、これは要件のうちの制約条件を指していると思われる。そもそも整理すべき要件には、制約条件と要求条件の2種類があり［図8-1］、制約条件は法規制で担保される品質、敷地に付属する法的制限、発注者側でコントロールすることの難しい諸々の制限などが該当する。例えば、建設できる建物の容積や高さはそのプロジェクトが成立するかどうかを決める非常に重要な要素であるが、諸法律や利用制度を正しく把握し建設可能な建物容積やプロポーションを自ら想定できる発注者はかなり限定されると考えられる。

一方で要求条件とは、予算や工期、発注者が建物に求める性能や品質、使いやすさやデザインなどの、ある程度発注者内でコントロールできる要望が該当する。法規・制度の知識と経験が重要な制約条件とは異なり、要求条件の場合は自身の課題をどのように正しく把握し、適切な表現で過不足なく設計者に伝達するかといった難しさがある。例えば、庁舎や小中学校、高校、市民が利用する施設などを扱う公共の発注者からは、「コストや工期に加え、"建物の使いやすさ"などの要求条件を建築の言葉に置き換えて詳細に提示している」との回答があった。一方で製造業の工場の場合は、「床面積や床荷重、動線計画、配置計画など、自社の事業に特化した表現で要求条件を明示する」との回答であり、扱う建種によって要求条件の内容や整理方法に違いがあることを示している。

要件変更に対する理解

次に、基本設計開始以降の要求条件の変更については、製造業Bから「工期遅延や追加費用発生につながる大きな変更は、基本計画の精度不足や要件が整理されていないことに起因する場合が多い」との指摘があった。その一方で、製造業Aからは「要件整理は組織内だけではできておらず、設計者とのキャッチボールを通じて行う」といった回答や、商業事業者からは「設計事務所(まれにCM会社)を活用して要件整理を行う」との回答もあり、基本計画段階だけでなく設計段階にもわたって要件整理を行うことを前提としている回答も複数見られた。すなわち、発注者は要件が途中で変わることに起因するリスクは理解しながらも、先述の制約条件を見極める難しさなどから、設計者などの建築の専門家と一体となって要件整理を行いたいと考えている実態がうかがえる。

設計変更に対する理解

また施工段階以後の設計変更については、公共発注者からは、「実施設計段階で検討が必要な事項はすべて決めきっているため、施工段階での設計変更は生じない」との回答があった。設計・施工分離による発注が基本の公共工事では、工事の入札までに確度の高い設計図書が完成していなければならず、また契

［表8-4］「自社内で要件整理ができているか」の回答

			Q. 自社内で要件整理を行うことができているか
公共	県	○	基本的には内部のみでやっている（企画書作成などの作業の外注はある）
	市A	○	発注支援者を利用することはあまりないが、基本計画はコンサルタントに委託もする
	市B	○	所管課（市民課）と営繕課で検討する
民間	デベロッパーA	○	原則可能だが、場合によってはゼネコンの手を借りることもある。ゼネコンには工期などの現実性を聞くことがある
	デベロッパーB	×	社内担当部署からの案をもとに、設計者（ゼネコンの設計部門、設計事務所）と協議して決定する
	商業事業者	×	設計事務所、まれにCM会社を活用する
	鉄道事業者	×	技術的検討やマーケティングは外部に委託する。建物の規模感やお客様の年代、テナントについて調査してもらう
	製造業A	×	要件整理はできていない。設計者とのやり取りを通じて行う
	製造業B	×	特に法律、行政に関する点は内部では検討できない
	製造業C	×	要件整理はできていない。外部の設計事務所やCM会社にお願いしている
	学校法人	×	PMやCMの方と一緒に行っている

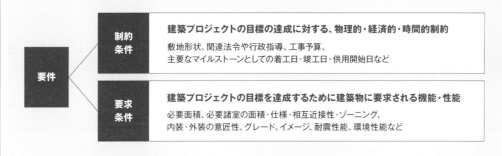

［図8-1］制約条件と要求条件

約以降の設計変更で工事費増となる場合は議会承認が必要となるため、できるだけ施工段階での設計変更を避ける傾向がある。

一方で公共以外の発注者からは、建築確認の再申請が必要となるような大きな変更は難しいと認識しながらも、「施設を利用するさまざまなステークホルダーの意見を最大限に汲み取って実現できるように検討する」「商業施設はテナントが決定してから調整が始まるため、施工段階での設計変更は必然」などの回答があり、建種や用途によっては、施工段階における設計変更は不可避であると認識されていることがうかがえた。

なお、発注者起因の設計変更に対しては、発注者自身がコストや工期の調整を含めて対応する旨の回答が多かったが、一方で「設計変更の基準となる図面などを確認できないため、何が変更・増額の対象かとい

う調整が難しい」との回答も見られた。これは、デザインビルドなどにおいて精緻な図面がまだない状態で工事契約する場合には十分起こり得る問題である。デザインビルドであっても実施設計完了後に詳細見積りとともに工事契約を締結しなおすなど、契約根拠を明確にするための方策は十分検討しておかなければならない。

8.3

発注者支援者の採用経験と展望

発注者支援者の採用経験と委託業務

第三者に発注者支援業務を委託した経験の有無について、[表8-5]にヒアリング結果を示す。ここでいう発注者支援者とは、主としてPMやCMを想定し回答してもらっているが、場合によっては部分的な業務を委託するコンサルタントも含まれている。ただしその場合でも、設計者とは立場の異なる第三者を前提としている。

発注者支援者を採用した経験がないと回答したのは、公共発注者とデベロッパー、また鉄道事業者であったが、前節までで「基本としている発注方式は設計・施工分離方式（P. 083［表8-2］参照）」「自社内で要件整理ができている（P. 087［表8-4］参照）」と回答した発注者と似た傾向となっている。すなわち、単一の発注契約方式を前提に自組織内に施設建設の専門部署を有しているため、経験値が蓄積され、外部の発注者支援者を採用しなくてもプロジェクトを推進できているという因果関係が見てとれる。例えば県の発注者の場合は、「主管部局から執行委任を受けて建築プロジェクトを取り仕切る営繕課・設備課がその役割を果たしている」との回答であり、大手のデベロッパーも「インハウスエンジニアがいるため、PMやCMは担当各部が行う」との回答であった。

一方で、発注者支援者を採用した経験のある発注者は民間で多く、8社中5社が採用経験ありとの回答をしている。その業務内容は「プロジェクトや体制にもよるが、発注方式検討、アドバイザー、コスト確認など」（商業

事業者）といった包括的なものから、「基本計画はコンサルに手伝ってもらい入札要項などをつくり、設計段階からは外れてもらうこともあった」（製造業A）といった回答のようにフェーズを区切った委託まで、多岐にわたった。これについては学校法人の発注者から「初期のプロジェクトでは包括的な内容で委託していたが、発注者として一緒に経験を積むことで委託する業務内容を限定できるようになった」との回答もあり、発注者支援者と協働することが発注者内部技術者の教育や経験値の獲得にもつながっている可能性がうかがえた。

発注者支援の効果と課題

発注者支援者を採用する効果については、「効果はある。そもそも専門的なことはわからないため入ってもらわないとできない」（製造業B）、「担当者業務量の削減や、プロを活用することでのコストダウンなど、さまざまな効果がある」（商業事業者）、「マンパワー不足の軽減、さらなる課題の掘り起こし、生産性向上への気づき、管理品質向上に効果がある」（製造業C）といった回答が得られた。大別すると、発注者の技術的な補完と、業務量の補完の、二つの効果に集約できる。

一方で、ヒアリングであげられた課題は、大きくは第三者支援者の参画効果をどう評価するかの一点に集約される。製造業のうち2社からは、第三者支援者のコストパフォーマンスや定量評価の難しさが課題としてあげられており、その結果が「そもそも発注者支援者に費用を追加で出すことに抵抗がある」（製造業A）という回答につながっていると考えられる。日本の建築プロジェクトは永らく発注者・設計者（工事監理者）・施工者の三者で遂行されてきており、プロジェクトの実務者層はともかく、経営層に発注者支援者という新たなプレーヤーの必要性を説明することの難しさがうかがえる結果である。また「業務手順の教示、現地同行、諸協議時間の拘束のため、初期導入時はマンパワーが低下する」（製造業C）という指摘の通り、単純にプロジェクト関係者が増えることで情報共有などに必要な業務が増える側面もあることは無視できない。同時に発注者支援者はあくまで業務遂行の支援者であり、発注者に代わる意思決定までは担えないため、根本的な発注者責任は変わらない点は留意が必要である。

[表8-5]「発注者支援者の採用経験」などに関する回答

			Q. 発注者支援者の採用経験とその業務・効果・課題など
公共	県	経験なし	—
	市A	経験あり	・事業規模が大きく、技術的に高度なPJでは採用することはある（庁舎、市民病院、超高層など）
	市B	経験なし	—
民間	デベロッパーA	経験なし	・社内に専門部署（アセット・マネジメント部やCM部）があるため不要
	デベロッパーB	経験なし	・これまで経験がなく、社内でもその意識はあまりない
	商業事業者	経験あり	・委託業務内容は、発注方式検討、アドバイザー、コスト確認など ・担当者業務量の削減や、プロを活用することでのコストダウンなど、さまざまな効果がある
	鉄道事業者	経験なし	—
	製造業A	経験あり	・基本計画ではコンサルと入札の要項をつくり、設計段階からは外れるということはあった ・費用を追加で出すことに抵抗はある ・コンサル会社が入ったことの効果を定量的に計ることが難しい
	製造業B	経験あり	・発注者支援者と呼ぶのかどうかは別にして、なにがしかのコンサルは必要 ・専門的なことはわからないため、入ってもらわないとできない
	製造業C	経験あり	・効果：マンパワー不足軽減、課題の掘り起こし、生産性向上への気づき ・問題点：初期導入時のマンパワー低下（業務手順教示、現地同行、諸協議時間拘束など） ・課題：期待する成果物と提示物とのギャップ、コストパフォーマンス
	学校法人	経験あり	・組織内に技術者がおらず、PM/CMに知見の補完や業務の分散などを行ってもらった ・大学という性質上、工期は学生の生活にかなり影響するため厳しくマネジメントが必要 ・初期案件では包括的に契約していたが、経験値が増えてからは依頼業務が絞られるようになった

今後必要だと考える発注者支援業務

　今後発注者にとってどのような支援業務が必要かといった質問については、大きく二つの回答の傾向が見られた。ひとつは「商業に明るい方がいれば取り入れたいと思う」（鉄道事業者）、「食品工場の経験の有無で細かい部分の提案などが大きく変わるため、食品工場の経験の多い人がよい」（製造業A）といった、特定の建種に対するコンサルタント的な専門性を期待する回答である。もうひとつは、「発注者視点のアフターサービスがほしい」（製造業B）、「省エネ・創エネ診断と提案、建物健康度の見える化（精度の高い中長期営繕計画との連動）」（製造業C）といった運用段階にも及ぶ支援を期待する回答である。いずれにせよ、これらはプロジェクト推進のためのマネジメントという役割を超えた、建物の付加価値創出への期待と言い換えられよう。

　一方で社内にPMやCMの専門部署を有しており、第三者支援者をこれまで採用していないデベロッパーからは、「直近の類似物件の実績データの提供や、業者選定リストの提供」といった自社のデータベースの補強という意味合いでの支援を期待する回答も見られた。引き渡す成果物の完成度が直接的な評価対象となる請負契約と異なり、信頼をベースとした準委任契約により業務を遂行する第三者支援者にとって、保有する情報の量と幅、および鮮度は、提供する業務のクオリティを高め発注者の信頼を勝ち取るために必要不可欠な要素である。それゆえにデベロッパーなどのプロの発注者も、PM会社やCM会社の持つ情報には大きな期待感を持っているものと考えられる。

9.1

設計事務所の
直面する課題

現状の設計業務の課題

本章では、組織設計事務所6社（A～F社）へのヒアリング結果を分析する。対象とした6社は、社員数350名以上、一級建築士数200名以上を抱える中堅以上の設計事務所である。

まず、現状の設計業務の課題について、A社より「設計者の業務の幅が広がっているが、それに対する業界の認識が追い付いていない」「単純に作業量が増え過ぎている。発注者要求もあるが、社会的要求も法的要求も多様化しており、設計行為そのものに注力できる時間の確保が難しい」との回答があった。これについては、「業務内容が高度化・複雑化し、行政協議対応を含め手間が増大している」（F社）など、ほかの設計事務所からも同様の指摘が多数あがり、業界の共通の課題となっていることがうかがえた。

具体的にどのような部分で業務量が増加しているかについては、「最近は設計段階でのステークホルダーが多く、説明業務が多い。民間では発注者経営層への報告、公共では市民のワークショップや第三者の委員会など」（B社）との例示があったが、A社からはそもそもの話として「設計業務の範囲と範囲外の境界が、明確なようでいてあいまいなことが原因」といった指摘があった。設計業務の範囲が不明瞭であるがゆえに、本来発注者が担うべき各種ステークホルダーへの説明資料作成やワークショップなどまで、いつの間にか設計者の業務に包含されてしまっているという指摘である。

なお、このA社の指摘は、設計者の業務を本来

の設計業務の範囲に限定すべきという意図ではない点には留意が必要であり、「設計料が安いことにつきる」「別途業務としてもらわないといけない」と、業務過多以上に、業務と費用が見合っていないことが問題であることを指摘している。この指摘も複数社から見られ、F社も同様に「工事だけでなく設計段階においても、品質確保のためには適切な時間と報酬の担保が必要」との回答をしている。

設計料の課題については、設計・工事監理などにかかわる国の報酬基準である国土交通省告示第98号が「業務内容」と「成果図書」を規定したものであり、「業務量」を規定するものではない点も要因のひとつと考えられる。例えばヒアリングで具体的にあがった行政協議については「法令上の諸条件の調査及び関係機関との打合せ」という業務項目に、ステークホルダーへの説明については「基本（または実施）設計内容の建築主への説明」という業務項目に内包されると考えられるが、これらの業務量はプロジェクトによって千差万別である。成果図書についても、大きな揺り戻しがなく確定した成果図書と、数十案の代案作製を通じて確定した成果図書では、当然ながら割いた労力が大きく異なる。業務量を事前に正しく把握することは困難であるため、最初に仮の業務量を合意し、これを超える場合の精算が認められる契約であれば一定の解決になり得ると考えられるが、設計業務は委任契約でありつつも請負的性格が強いと解釈されており、発注者の理解も含めて超えるべきハードルは高い。

同時に、設計事務所の多くは設計者選定のための設計コンペに参加している。設計コンペのための設計案および提案書作製には膨大な労力が必要となるが、選定されず業務受託につながらなかった場合は、多大な費用の持ち出しが発生する。継続企業としてこれらの費用は当然ながら他の受託案件の利益のなかで回収していかなければならず、プロジェクト単体の採算性だけでは語れない側面もある。

施工者が早期参画する方式
への意見

次に、昨今拡大している施工者が設計段階から早期参画する契約発注方式について意見を聞いた結果が、［表9-1］である。「施工会社の設計が純粋設計

[表9-1] 施工者の早期参画に対する設計事務所の意見の要約

否定的な意見	設計の制約	・工期と予算を理由に性能低下を求めるような関与ではよいものはできない
		・設計事務所のデザインなどに横やりが入るのであれば、好ましくない
		・自らが調達しやすい、施工しやすいVE／CDでは発注者要求にそぐわない
		・施工者だからといって技術力が設計事務所より高いというわけではない
	コスト	・競争原理が働かない
		・一番のデメリットは価格のブラックボックス化
		・完全な設計施工一貫の場合は2、3割価格が上がっている調査結果がある
		・基本設計時の概算から実施設計完了後の積算で増額する場合がほとんどである
限定的賛成の意見	技術	・特殊工法や仮設計画などの施工者目線でのかかわりであれば、有益
		・工期やコストを最優先とする場合は、施工者が設計するメリットも大きい
		・構造設計などの一部の領域のみを設計施工者が担うことは否定しない
消極的賛成の意見	資本・調達	・資本から調達・施工技術を含めた総合力として、大手ゼネコンにかなわない

事務所のこれまでの職域に割り込んでいる」(A社)との意見があがった通り、設計事務所にとっては自身のコアビジネスが侵食される話であるため、総じて否定的な回答であった。

最も多く見られたのは、「工期と予算を大義名分とした設計の見直しや、性能低下を求めるような関与のされ方ではよいものはできない」(A社)といった、設計の自由度を狭められる可能性に対する否定的な意見である。しかしその一方で、「特殊な工法や仮設計画を立案してくれるような施工者目線でのかかわりであれば、設計の幅が広がり有益と考える」(A社)、「コストに大きく影響するような構造部分はゼネコンの技術を使って合理化したほうがよい」(B社)など、おもに構造・工法・仮設計画についてであれば、施工者の技術力を取り入れたいとする回答も多く見られた。ECI方式に絞って見ると、「設計責任は設計者にあり、施工者の提案については責任をとれないためNGを出すことが多い。これが、ECIが普及しづらい原因だと思われる」「民間工事では部分的にゼネコンとの設計JVにして、責任分担し解決することもある」(B社)といった、設計責任の不明瞭さが課題としてあげられた。

なお、このECI方式に関する否定的な意見は、今回のヒアリングが、自社で意匠・構造・設備の実施設計まで担える中堅以上の組織設計事務所を対象としているためとも考えられる。自社内で設計を完結できる技術力があるため、わざわざ責任分界点があいまいになりがちなECI方式の価値を見出しにくいことが推察されるが、逆に構造・設備の技術力に不安があり、VEなどを提案できる幅が乏しい中小の設計事務所においては、異なっ

た回答となる可能性は十分にある。

その他の否定的な意見では、コスト面でのデメリットをあげる回答者が多かった。「施工者が早期に参画すると競争原理が働きにくいため、コスト的なデメリットは大きい」(D社)、「一番のデメリットは価格のブラックボックス化。実際に完全な設計施工一貫方式の場合は2、3割価格が上がっているとの調査結果がある」(C社)などの意見である。ただしコストの評価については、施工入札による価格競争と設計段階からの施工技術導入によるコスト縮減のどちらが発注者の望む姿か、またコスト縮減と早期のコスト確定のどちらを発注者が重視するかによっても変わるため、一概に施工者の早期参画がコスト面で不利益になるとも言い切れない。

またその他の指摘としては、「(設計施工一貫方式が増えることで)設計事務所の若手の実務経験が減り、育たない」「実施設計図面を描いた経験のない設計者が、ちゃんとした基本設計図面を描けるのかという疑問が残る」(D社)といった、若手の育成に対する懸念も見られた。発注契約方式そのものに対する意見ではないが、施工者の早期参画が進むことに対し、設計事務所が大きな危機感を持っていることがうかがえる。

9.2
要件整理から
設計変更に至る
課題

要件整理の課題

基本設計の開始にあたり発注者から要件がどの程度提示されているかをヒアリングしたところ、ほとんどの設計事務所が「ケースバイケース」との回答をした。発注者によって特性があるとのことであり、公共工事の場合は「決まった書式で提示される」(C社)、「役所系は単線の参考プランがあることが多いと感じる」(A社)とのことであった。同様にデベロッパーの場合も「仕様書があるため、条件は比較的明文化されている」(A社)、「仕様書や手描きなどの図面が出てくる場合もある」(D社)との回答であった。

一方で課題としてあがったのは、建築プロジェクトに慣れていない発注者の場合である。例えば「"土地を買いたいがどうすればいいか"というレベルの発注者もいる」(C社)といったフィージビリティ・スタディ段階での依頼であり、「本来であればこのような段階は基本構想業務として発注するようお願いをするが、実際は基本計画業務として発注されているのが現状である」(C社)との指摘があった。A社からも同様に「民間では基本設計を始めるときに、まだ実際は基本構想の段階であるときがある」との回答があり、設計事務所が考える基本構想、基本計画、基本設計の各フェーズで固まっているべき内容と、発注者の考えるそれとがマッチしていない実態がうかがえる[図9-1]。実際、国土交通省告示第98号では基本設計以降の業務と成果物が規定されているが、それ以前の基本構想や基本計画で何が完了されていないといけないかを明確に示したものはない。これに関連して、

C社からは「基本計画は法律上、建築士でなくてもできるとなっているが、そこを認識していない発注者が多い」との問題提起もあがった。

結果的にこの状況が、前節でも述べた設計者の業務量増加と適正な報酬を得られていないという課題にもつながっており、ヒアリングでは「要件設定をするための比較検討案の提示に設計期間の多くを費やすことになる」(A社)、「図面で見ないと決められず、検討のパターンが増えていく発注者もおり、深みにはまることもある」(B社)といった回答があげられた。

なお、今回の回答であげられたのはおもに要件の完成度や充足度に関する課題だが、プロジェクトのなかではその信頼度が問題になるケースもある。例えば、一見完成された要件に見えても、その実は設計者や設計施工者を同一条件で選定するために作成された暫定的なものであり、設計開始後にあらためて見直すことが大前提になっている場合もある。いわば設計のための要件ではなく、選定のための要件と言っても過言ではないが、コンペに参加する設計者にはその提示された要件の意味合いを判断する術はないのである。

要件変更に関する課題

その他の要件整理に関する課題では、「発注者が提示する要件とコストが合わない場合が非常に多い」(D社)、「要求される設定工期や予算に無理がある」(F社)、「基本計画としてまとめてあっても、実際に工期や予算を踏まえると建てられない場合が多い」(C社)といった回答が多く得られた。本来これらの検証を行うのが基本構想や基本計画であるが、不幸にも基本設計段階でこれらの課題が顕在化した場合には、要件そのものを変更しなければいけないこととなる。

これに加え、「無理な予算のままプロジェクトを進める発注者がいることも問題である」(C社)との指摘もあがった。「例えば25億円の予算に対し基本設計段階で30億円と試算された場合に、要件などを再検討するのではなくそのまま実施設計を進めてほしいと言われることがある」「実施設計が進んでも25億円には下がらないとなると、ゼネコンを入札してほしいと言われる」「ゼネコンによるVE案ももちろんあるが、設計事務所の見積り金額も根拠があって算出したものであり、大きく変わることはない」(C社)という指摘である。入札段階まで引っ張ってからプ

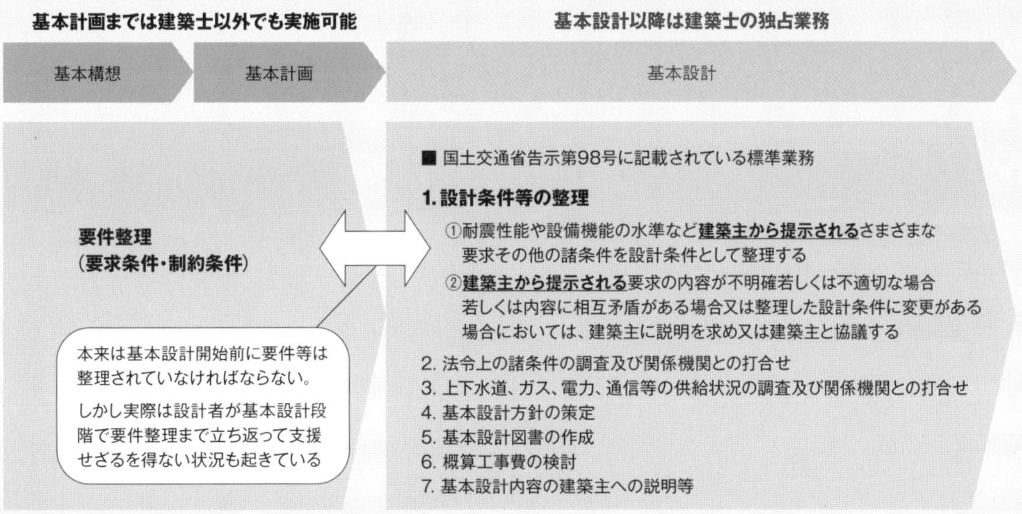

基本計画までは建築士以外でも実施可能　　　　　基本設計以降は建築士の独占業務

基本構想 ▶ 基本計画 ▶ 基本設計

要件整理
（要求条件・制約条件）

⟷

本来は基本設計開始前に要件等は
整理されていなければならない。
しかし実際は設計者が基本設計段
階で要件整理まで立ち返って支援
せざるを得ない状況も起きている

■ 国土交通省告示第98号に記載されている標準業務

1. 設計条件等の整理
　①耐震性能や設備機能の水準など**建築主から提示される**さまざまな
　　要求その他の諸条件を設計条件として整理する
　②**建築主から提示される**要求の内容が不明確若しくは不適切な場合
　　若しくは内容に相互矛盾がある場合又は整理した設計条件に変更がある
　　場合においては、建築主に説明を求め又は建築主と協議する
2. 法令上の諸条件の調査及び関係機関との打合せ
3. 上下水道、ガス、電力、通信等の供給状況の調査及び関係機関との打合せ
4. 基本設計方針の策定
5. 基本設計図書の作成
6. 概算工事費の検討
7. 基本設計内容の建築主への説明等

[図9-1] **要件整理に関する発注者業務と設計者業務の違い**

ロジェクトが頓挫すれば発注者にとっても大きな手戻りである。プロジェクトの条件が厳しい場合には、発注者も要件に優先順位を設け、どの段階で何を切り捨てるかの事前の想定が必要になる。

設計変更に対する認識

　ここでは設計者に起因する着工後の設計変更として、設計者の意思・希望による変更と、設計上の不整合の修正などに関する変更の、二つを対象にヒアリングを行った。

　まず設計者の意思・希望による変更については、ほぼすべての回答が「建築主の理解と合意が得られた場合のみ実施している」（A社）とのことであったが、そもそも設計者の意思・希望による変更は「基本的にNG」（D社）、「元々の設計を完璧にすべき」（A社）といった回答も見られ、それゆえこの設計変更業務の報酬については「通常は無償での対応」（F社）との回答であった。

　一方で、設計上の不整合の修正などに関する変更は現実として避けられないものとなっており、D社からは「施工図作製段階での設計上の不整合の発見が一番多い。意匠と構造、意匠と設備の不整合に関する変更が非常に多く、現場（ゼネコン）が苦労していると思う」との回答があった。当然ながらその是正業務については「発

注者にフィーを要求できない」（D社）こととなる。さらに不整合などにより工事費が増額する場合についても、「民間では請負金額内での対応を求められることがほとんど」（A社）、「発注者が追加予算を出してくれることはなかなかないため、VEやCDで収めていくしかない」（B社・D社）といった回答が多かった。

　追加の工事費が得られないということは、設計上の不整合が実質的に施工者のリスクにもなっているということである。これは、ゼネコンの生産設計のなかで設計上の不整合を解消していくという日本の建築生産の特徴でもあるが、金額入札の場合は、短い入札期間のうちに不整合を発見し質疑等で対応を明確にしておくか、対応費用を見込んでおかなければ、施工者のリスクが非常に高まるということでもある。

9.3

設計者から見た発注者支援者の評価

発注者支援者の評価

　昨今拡大しているPMやCMなどの発注者支援者の採用について設計者にその評価を聞いたところ、意見が大きく分かれる結果となった［図9-2］。肯定的な意見については、「発注者の技術力が不足する場合は、第三者的なサポートの意義はおおいにあると思う」（A社）、「建築プロジェクトの経験が少ない発注者で、基本計画段階であまり内容が決まっていない場合には、PM/CMの存在は発注者の安心につながると感じている」（C社）といった、発注者の技術力や経験値が少ない場合を前提とした回答となっているのが特徴的である。

　逆に否定的な回答をした設計者も多く、例えば「組織設計事務所は発注者と設計者ですべてが完結できるという考えのため、あまりPM/CMの必要性を感じない」（B社）、「現在のPM/CMのような業務を、設計事務所がこれまでフィーをもらわずにやってきたという感覚がある」（C社）といった回答である。PM/CMという職能が登場するまでは、設計者がまさに発注者の側に立ち支援者の役割を担ってきたという自負がうかがえる。

　また、「CMが入ることで、設計者の作業量や手間は間違いなく増えている。その分の追加フィーがほしいと感じることもある」（D社）といった回答もあがった。その原因と思われる回答として、「CMが受けた仕事を振るだけの段取り屋になってしまっている場合がある」（D社）、「設計者に多くの比較検討資料を提示させることを業務と考えているようなCMもいる」（A社）といった回答が見られた。すなわち、発注者支援者がプロジェクトを主体的に推進

する役割ではなく、事務局的な立ち位置での関与になってしまっている場合には、その参画意義を見出しにくいだけでなく結果的に設計者の業務を増やすことになっているとの指摘である。

発注者支援者の位置づけに関する課題

　発注者支援者がプロジェクトの推進者になり得ていない場合の要因については、「発注者支援者の技術力が不足している場合もある」（A社）、「建築経験が浅い担当者もいる。PMやCMというのであれば、建築プロジェクトに対する知識や経験のある人でなければ意味がないのではないか」（C社）といった担当者個人の能力に原因を求める向きと、「PMとは何かということが一般的になっていないために、玉石混交状態になっていると思う」（A社）といった、そもそも発注者支援者の位置づけが明確になっていないことに原因があるとする回答が見られた。

　担当者の能力についてはどのような職種であってもある程度の個人差は避けられないが、位置づけについては第5章5節（P. 060）でも触れた通り、発注者支援者には法的に定められた業務や資格の縛りがなく、その位置づけが設計者よりもかなりあいまいであることも事実である。設計業務も発注者支援業務も同じ委任業務ではあるが、設計業務は設計図書という成果物があるのに対して、発注者支援業務は法的に規定された明確な成果物がなく業務の成果を測りにくい面がある。しかし同じプロジェクトを推進するチームとして考えた場合、「PM/CMがよいと判断したものはよいと考えるべきであり、その反面、間違えたとすればそれに対する責任を持たなければ、PM/CMの業務が成り立たないと考えている」「発注者の代行者の立場であるPM/CMの責任は重いと感じる。またそのように責任が明確にされる必要があると思う」（C社）といった設計者の声は無視できないものである。

　そもそもPM/CMの担っている役割は、課題管理や進捗管理といったマネジメントであったり、技術的なアドバイスであったり、文字通り発注者の代理人としての権限まで付与されていたりと、プロジェクトごとに違っていてもおかしくはない。そしてこれらは協業する設計者や施工者にとっても明確に異なる位置づけである。このため、当該プロジェクトにおけるPM/CMの役割や権限は、新たなステークホルダーがプロジェクトに参画するたびに

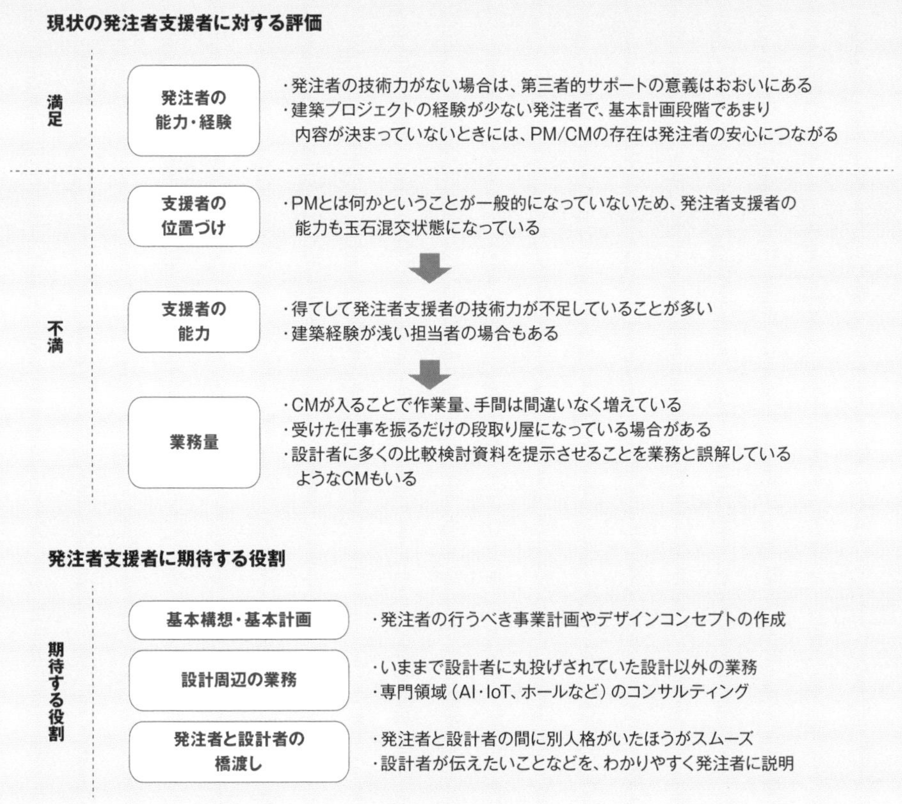

現状の発注者支援者に対する評価

満足	発注者の能力・経験	・発注者の技術力がない場合は、第三者的サポートの意義はおおいにある ・建築プロジェクトの経験が少ない発注者で、基本計画段階であまり内容が決まっていないときには、PM/CMの存在は発注者の安心につながる
不満	支援者の位置づけ	・PMとは何かということが一般的になっていないため、発注者支援者の能力も玉石混交状態になっている
	支援者の能力	・得てして発注者支援者の技術力が不足していることが多い ・建築経験が浅い担当者の場合もある
	業務量	・CMが入ることで作業量、手間は間違いなく増えている ・受けた仕事を振るだけの段取り屋になっている場合がある ・設計者に多くの比較検討資料を提示させることを業務と誤解しているようなCMもいる

発注者支援者に期待する役割

期待する役割	基本構想・基本計画	・発注者の行うべき事業計画やデザインコンセプトの作成
	設計周辺の業務	・いままで設計者に丸投げされていた設計以外の業務 ・専門領域（AI・IoT、ホールなど）のコンサルティング
	発注者と設計者の橋渡し	・発注者と設計者の間に別人格がいたほうがスムーズ ・設計者が伝えたいことなどを、わかりやすく発注者に説明

[図9-2] 発注者支援者に対する設計事務所の意見の要約

必ず最初に確認しなければならない事項である。

発注者支援者に期待する業務・役割

　厳しい意見も見られた発注者支援者に対する評価だが、その業務や役割には期待をする声も多くあげられた。例えば、「事業計画やデザインコンセプトの作成が、専門家のやるべき仕事になってきている。発注者に必要な支援のなかに、広い意味でのコンセプトワークが入っているということだと思う」（A社）といった意見であり、これは前節であげた基本構想段階や基本計画段階での発注者支援の必要性を語ったものである。同様に、「うまくPM/CMとやり取りができると、いままで設計者に丸投げされていた設計以外の業務をPM/CMが負担してくれることもある」（B社）といった回答のように、発注者支援者が入ることで設計者の増え過ぎた業務が分担され、設計者が本来の設計業務に注力できるようになる可能性を期待する声もあがった。

　別の視点では、「設計者と発注者の位置感や距離感によっては、間に別人格がいたほうがスムーズという場合もある」「設計者が伝えたいことや懸念していることを、設計者よりもわかりやすく発注者に説明し、物事の判断や要件整理を円滑に進めてくれるとよい」（A社）といった、発注者と設計者の橋渡しの役割を求める意見もあがった。

　いずれにせよ、発注者だけでなく、設計者やチームにとってもメリットが生まれるようなプロジェクト参画の仕方が期待の根底にあるといえる。

10.1
発注契約方式に関する施工者の意見

現状の発注契約方式に関する課題

本章では、施工者10社（A〜J社）へのヒアリング結果を整理する。なお施工者の内訳は、大手ゼネコン2社、準大手〜中堅ゼネコン7社、地域の工事に特化している地場ゼネコンが1社である。

まず、現状の発注方式や契約についての課題をヒアリングしたところ、入札図書の完成度に関する指摘が3社よりあがった。「図面精度の悪い物件が激増しており、そのぶん施工者の契約不適合責任に対するリスクが増えた」（I社）、「入札用設計図書の不備や矛盾の責任を誰が負うのか。これらの不備を未然に発見し見積りに反映した応札者のほうがコスト高になる危険性もある」（B社）、「特記仕様書に“品質にかかわる部分はすべてカバーすること”とだけ書いて逃げたような入札図書もある」（A社）といった指摘である。

同様に多かった指摘が工期や予算などの条件に関するものであり、「企画、設計、見積り、契約、施工完了、運営にいたる全体スケジュールにそもそも無理がある案件が散見される」（H社）、「予算取り用の数枚の図面で行った概算に発注者が縛られていることがしばしばある。概算と積算の違いを施工者が証明しないと追加金額の協議に乗らない」（I社）、「片務的な契約条件が見られる」（J社）といった回答である。

この二つの指摘は互いに無関係ではない。第9章の設計事務所の回答では、設計者が本来の設計以外の業務に時間を取られ、十分に設計図書の完成度を高められていない状況がうかがえた。同時に、具体的な形状や材料までは入札図書で定めずに、最終的に建物や設備がどのような能力を発揮すべきかという条件のみを提示する「性能発注」などの発注方式が採用されるケースも増えている。このように、ゼネコンが参画後に提案・設計・検証を行うことによって詳細が決まっていくプロセスがあるにもかかわらず、確度の低い段階で組まれた予算やスケジュールが適切に見直されないまま必達条件と化しているケースもあるのである。

その他の課題としては、「総合評価落札方式の提案資料作成における膨大な労力と対価、そして知的財産権の問題がある。公共工事だと技術提案書がホームページに公開されてしまうこともある」（B社）、「専門工事会社に発注者からの推薦業者が多く、相見積りや工事条件などの擦り合わせのために時間を要する場合がある」（A社）といった回答もあげられた。

施工者が早期参画する方式への意見

次に施工者が早期参画する方式について意見を聞いたが、上記の入札図書の完成度の課題、および工期や予算などの条件に関する課題はともに施工者自身が早期参画できれば解決が図れる可能性が高いこともあり、10社中9社が肯定的な回答を示した。代表的な回答としては、「技術の複雑化・高度化が進み、さらに労務供給不足が進む現在では、施工者を早くから関与させプロジェクトの実現性を高めようとする動きは必然かつ合理的」（B社）、「早期参画することで施工者も事業の実現性（工期、コスト、事業性の検討、テナント誘致など）に寄与することができる」（H社）、「施工技術を反映でき、早期に発注者ニーズも把握できるため好ましい」（J社）、「川上から参画できればいろいろな支援ができる。コストありきの考えだけだとよいものはつくれず、コストを下げるにしてもコミュニケーションをとったよい提案のなかで縮減していく必要がある」（C社）などがあげられる。

一方、施工者の早期参画について唯一否定的な見解を示したのは、設計部門を持たない地場ゼネコンのG社である。G社は対応中の公共工事案件（大手組織設計事務所とのJVで受注）を事例にあげつつ、「デザインビルドは要求水準だけの図面のない状態で請負金額を決めてしまう方式であるため、結果的にお金がついていかず施工会社側が苦労している」「発注者とCMは、

	共同施工方式 （甲型共同企業体・甲型JV）	分担施工方式 （乙型共同企業体・乙型JV）
概　要	あらかじめ定めた出資比率に応じて資金や人員、機械などを拠出し、各構成員が共同で施工する方式	合意した工事額に応じて工事範囲をあらかじめ分割し、分担した工事について責任をもって施工する方式
請負契約の履行責任	構成員が連帯して責任を負う	構成員が連帯して責任を負う
損益の計算	工事全体で計算する	分担工事ごとに計算する
損益の分配	出資比率に応じて分配する	分担工事ごととなるため分配は生じない

"設計と施工を一体で受けているのだからJVのなかで解決しなさい"という姿勢であるが、お金がからむ問題であり、もっと親身になって打合せをしてほしい」との課題をあげた。

　この大手・準大手規模のゼネコンと地場ゼネコンの見解の違いは、今後の発注契約方式の多様化を考えるうえで非常に重要である。設計部門を持たない施工者も、設計事務所に施工リスクが及ばない分担施工方式のJVを設計事務所と組むことでデザインビルド案件に参画することはできる［表10-1］。しかし、G社の回答は設計事務所と施工者の力関係次第では対等なチームづくりが難しく、設計内容によるコストコントロールがうまく機能しないケースがあることを物語っており、地元施工者の活性化をねらいとする公共工事では慎重な検討が必要であることを示している。

施工者の選定方式はどうあるべきか

　次に、施工者の選定方式は今後どうあるべきかのヒアリングを行った。現在の選定方式は、大きく分けると価格のみによる競争入札と技術提案も含めた総合評価の二つが主流となっているが、多くの施工者が「両方とも必要」との回答であった。その理由としては、「競争入札もあるべき姿であり、多様な発注の仕組みも必要。プロジェクトにより使い分けていくのがベスト」（C社）、「何を重視するかに応じて考えなければならない。いまのように発注契約方式に幅があり、適切なものを選択できるのが一番よい」（E社）といった、プロジェクトの目的に合わせた使い分けが重要との意見が多かった。

　ただし、総合評価による選定については、「評価するほうもされるほうも、不信感を抱きやすい」（E社）、「要求

が大きくなり提案に時間と手間がかかる一方、決め方は納得がいくものではない。正直、出来レースもかなりあるのではないかと感じている」（I社）といった、評価の不透明さへの指摘もあげられた。総合評価落札方式の場合に提出する技術提案書の量はプロジェクトによってまちまちだが、大規模で注目度の高いデザインビルドのプロジェクトにおいては、図面とは別に百ページを超える技術提案書や模型、CG動画などを提出する場合もある。これらの作製にかかるゼネコンの人件費や外注費・経費は、総計で数千万円に上ることも珍しくない。このため選定されなかったゼネコンにとって、自社提案の評価や、選定された他社提案との違いについてフィードバックを得ることは、猜疑心を解消するためにも非常に重要なプロセスなのである。

　なお、この総合評価落札方式を強く推す回答をしたのがG社である。一見、設計部門を持たない施工者は総合評価落札方式には不向きにも思えるが、G社のあげた理由は「地域内業者は防災協定や施工の実績があり、持ち点が高い。実績を評価してくれるのはありがたい」といった実績点に関するものであった。すなわち、一口に総合評価落札方式といっても、技術提案に重点を置く場合や類似案件の実績に重点を置く場合などがあり、これらの配点のコントロールによって地元企業を排除しない、もしくは優先する方法も取り得るということを示している。

10.2
工事期間中の
設計変更の課題

要件整理の手法と課題

設計部門を持つ大手・準大手〜中堅ゼネコンに対し、要件整理をどのように行っているかをヒアリングした結果、回答者のほぼすべてが「社内で共通化された手段を持っている」との回答であり、その標準をプロジェクトの特性に合わせてアレンジしながら活用しているとのことであった。これについては、組織設計事務所からも同様のヒアリング結果を得ている。なお、その要件を取りまとめる担当部署については会社によって回答が異なり、「担当する設計部の設計者自身が行う」(B社)、「設計部と営業部が行っている」(A社)、「営業部が発注者の要望を盛り込んだ設計依頼書として作成する」(C社)といった違いが見られた。ただし、これはヒアリング回答者がどのレベルのものを要件整理と認識し回答したかで差が生まれたとも考えられ、営業部が作成する設計依頼書を要件書そのものととらえてよいかは疑問も残る。要件整理はプロジェクトの骨格を固め、ステークホルダーで共通認識を持つための非常に重要なプロセスだが、その要件整理自体の理解に幅がある実態がうかがえる。

また社内で共通化された要件整理のフォーマットについて、「設計者向けの建築用語で書かれていたり、初期段階では決められない項目も含まれていたりするため、最初から埋められる発注者は少なく、うまく使われていない状況」(B社)という回答も見られた。実際に設計を行う設計者自身が要件整理を行う場合には、直接的に設計に必要な性能・仕様を求めてしまい、発注者の建築知識や検討のスピードと合っていないという可能性もあ

る。これについては「一口に要件といっても設計の段階に応じて必要となる情報は異なり、いま聞くべきもの、あと回しにすべきものなどの整理が必要」(B社)との補足もあった。

要件整理の課題に関する回答も、設計事務所へのヒアリング結果とほぼ同じ傾向であり、「デベロッパーや不動産会社からは要件がわかりやすく細かく提示されるが、継続的な建設がない発注者は、ヒアリングをし、イメージを膨らませながら要件を抽出していく必要がある」(I社)、「制約条件としての建物ボリュームと、要求条件としてそこに入れたい機能がミスマッチしている(明らかに納まらない)ということはよくある」(B社)といった回答が得られた。

設計変更に対する認識と課題

次に設計変更に対する認識を聞いたところ、設計部門を持つ施工者からは、「設計変更は必ずあるもの」との回答が多く見られた。ヒアリングから得られた設計変更の起因者と変更理由、また費用負担者を[図10-1]に示すが、設計変更の理由としては大きく2種類の回答があり、ひとつはよりよいものをつくるといった積極的な理由である。具体的には、「メンテナンスをしやすくする、無駄なコストをなくすなど、よりよくなる提案はそのつどするようにしている」(C社)、「設計・施工のどちらの立場においても、決められたコストの範囲内で顧客の要望は聞き入れたいと考えている」(D社)、「施工者としてもデザイン無視ではなく、発注者にとってよりよい建築物を提供したいという気持ちは同じなので、われわれの提案もそれを踏まえたものだと理解してほしい」(E社)との回答があげられた。

もうひとつはやむを得ない、消極的な理由での設計変更である。「増額を打ち消すための変更はよく行う」(I社)や「設計変更は予算に合わせるための手段、施工上の問題をクリアするための手段」(J社)といった類の設計変更である。もちろん発注者の追加要望や変更要求の費用を吸収するためにVE案の検討を求められる場合もあるが、ここで挙げられているのは、発注者に請求できない設計内容や施工計画の検討が不十分であったことによるものである。これは第9章2節(P.092)の設計事務所へのヒアリング結果でもあがった、設計図書上の不整合が実質的に施工者のリスクにもなっているという問題も大きく関係している。具体的には、「設計者のミスは致命的になる。設計者には費用権限がないため、発注

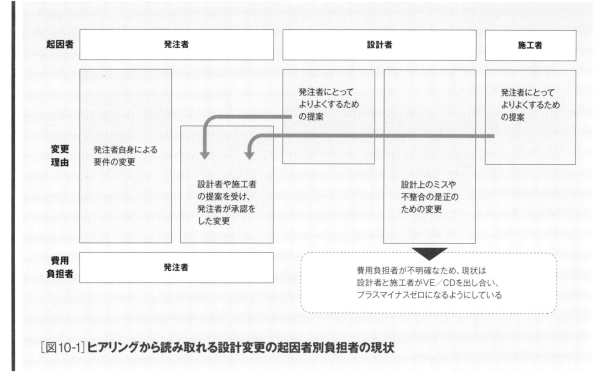

起因者	発注者	設計者	施工者

変更理由
- 発注者自身による要件の変更
- 設計者や施工者の提案を受け、発注者が承認をした変更
- 発注者にとってよりよくするための提案
- 設計上のミスや不整合の是正のための変更
- 発注者にとってよりよくするための提案

費用負担者
- 発注者
- 費用負担者が不明確なため、現状は設計者と施工者がVE／CDを出し合い、プラスマイナスゼロになるようにしている

[図10-1]ヒアリングから読み取れる設計変更の起因者別負担者の現状

者に降りかかったり、施工者に降りかかったりする」(C社)といった回答や、「設計上のミスの場合が大変。設計事務所がノウハウを持っていれば増減なしで対応できるが、大手の組織設計事務所以外ではなかなかまとまらない。施工会社が経験値から提案をしてあげる必要がある」(G社)といった回答があがった。その他の回答者からも、基本的にVEやCDを積み上げ、最終的に増減なしになるように対応しているとの回答が得られた。

　設計者と施工者のヒアリングを通じて見えてきた設計上のミスや不整合に関する課題は、本来は設計者と施工者の間でうやむやのうちに解決すべき問題ではない。設計・施工分離方式の場合、設計者と施工者は直接の契約関係になく、施工者は設計図書を契約図書として発注者から受領する関係にあるため、施工者の立場では契約図書に関する責任は発注者が負うべきものと考えられる。つまり、発注者も設計図書の不備に関する当事者である。一方で総価請負という契約上、施工者は過失がなくともその金額のなかで完成させる責を負っているとも考えられ、設計上のミスや不整合については元々あいまいな位置づけになってしまっている。一方、発注者と設計者の関係でいえば、発注者は設計に起因する損害があれば設計者に請求をすればよいことになるが、JIA建築家賠償責任保険などの設計業務のミスに対す

る保険の適用範囲は限定的であり、設計事務所の補償能力にも限界がある。発注者自身も、起こり得るリスクはそれを負担できる企業体力を持った当事者にコントロールしてもらえるほうがありがたいと考えるため、結果的に施工者が主体的に解決に乗り出さなければならなくなっている実態もある。日本の入札制度や契約方式はあくまで設計図書には誤りや不整合がないことを前提につくられており、施工段階で実施するこれらの調整が施工者にとっての大きなリスクになっている点はあまり議論されることがない。しかし建設産業の健全性が求められるいま、これらの実態を俎上に乗せたうえで、あらためて入札・契約のあり方や各ステークホルダーの責務を議論すべき段階にきている。

10.3
施工者から見た発注者支援者の評価

発注者支援者の参画の仕方

PMやCMなどの第三者の発注者支援者が参画したプロジェクトの経験があるかをヒアリングしたところ、すべての施工者が「経験あり」との回答であった。また、経験したプロジェクトでの発注者支援者のかかわり方については、「CMはデザインなどには関与せず、決まったものに関してコストマネジメントや業者選定を行うのがメイン」(C社)、「施工者選定くらいまではCMが入っていたが、設計者や施工者のように工事の監理や管理にまでかかわることは少ない」(E社)との回答であった。

なおE社から、「設計事務所系のPM/CM会社が多く、設計者と同一組織にならないようにするためか、彼らが入ってくる場合は設計施工一貫方式のプロジェクトの場合が多いと感じる」との回答があったが、これについては設計事務所のC社からも同様に、「PM/CMはデザインビルドのための業務や役割であると感じている」との回答を得ている。実際、公共工事においてデザインビルドを採用する場合に、第三者的な評価を取り入れ、説明性を担保する施策として発注者支援者が採用されるケースは増加している。一方で設計・施工分離方式の場合は、新たに費用が発生する第三者支援者を採用する理由づけが難しく、デザインビルドの場合に比べて採用が進んでいない可能性も考えられる。

発注者支援者の評価

次に発注者支援者に対する評価を聞いたところ、

第9章3節(P.094)であげた設計事務所の回答同様、施工者においてもいくつか厳しい回答が見られたが、その多くは施工に関する知識・経験不足、意識の低さを指摘するものであった。代表的な回答をあげると、「設計変更などの提案に関して、施工の経験不足やスケジュール管理能力の乏しさが課題」(A社)、「施工に対する意識が低いため、施工に入ってからの問題解決に時間がかかる」(D社)、「CMと単価の感覚にずれがあり、そのずれが理解されないまま意見を主張されてしまうことがある」(G社)といったものである。実際、海外ではゼネコンや施工経験者がCMを担う場合が多いが、日本のCM会社は設計事務所を母体にする場合が多く、その業務内容も基本計画段階や基本設計段階を主体にしているように見受けられる。しかしこれは、日本のゼネコンが総価請負契約という仕組みのなかで高いリスクとともに裁量権を有しており、第三者が容易に施工計画や施工管理にまで介入できないという事情や、そもそも施工段階よりも計画段階・設計段階といったプロジェクトの川上でのコスト・品質のコントロールのほうが高い効果を得られるといったことが要因にある。

また、担当する発注者支援者個人の能力によって評価が分かれるとする回答も多く見られた。「技術的な相談ができる場合は効果あり。そうでない場合は、プロジェクトが混乱し発注者が害を被る場合もあり得る」(I社)、「CMは、組織というよりもCMR個人の資質に大きく影響される点が課題である」(B社)といった回答であり、これも第9章3節(P.094)の設計事務所の回答に通じるところがある。

その他の課題としては、発注者と第三者支援者の関係に関するものがあげられた。「発注者が同席しない場合に、発注者支援者のレスポンスが悪い場合がある。発注者と意見のずれがある場合もある」(J社)、「発注者とCMで話し合いをして意見をまとめ、施工者にはひとつの意見として言ってほしい」(G社)といった回答である。工事工程との板挟みになりやすい施工者としては、第三者支援者の発言や指示をどのように受け止めれば良いかは非常に重要であり、またそれだけの責任感を第三者支援者にも期待するという回答である。

発注者支援者に期待する業務・役割

発注者支援者に期待する業務や役割を聞いたと

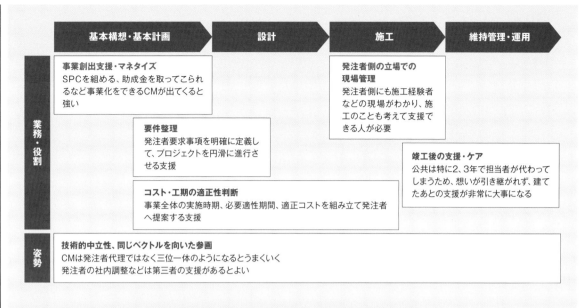

基本構想・基本計画		設計	施工	維持管理・運用

<table>
<tr><td rowspan="2">業務・役割</td><td colspan="4">

事業創出支援・マネタイズ
SPCを組める、助成金を取ってこられ
るなど事業化をできるCMが出てくると
強い

要件整理
発注者要求事項を明確に定義し
て、プロジェクトを円滑に進行さ
せる支援

コスト・工期の適正性判断
事業全体の実施時期、必要適正期間、適正コストを組み立て発注者
へ提案する支援
</td><td>

**発注者側の立場での
現場管理**
発注者側にも施工経験者
などの現場がわかり、施
工のことも考えて支援で
きる人が必要

竣工後の支援・ケア
公共は特に2、3年で担当者が代わって
しまうため、想いが引き継がれず、建て
たあとの支援が非常に大事になる
</td></tr>
</table>

姿勢	**技術的中立性、同じベクトルを向いた参画** CMは発注者代理ではなく三位一体のようになるとうまくいく 発注者の社内調整などは第三者の支援があるとよい

[図10-2] ヒアリングから得られた施工者が発注者支援者に期待する業務・役割

ころ、まずは発注者支援者の課題の裏返しとして、「施工のことを考えて支援してほしい」(G社)、「施工経験者による、発注者側としての現場管理」(D社)といった施工目線での支援を期待する回答があがった。

また、設計事務所のヒアリング回答でも見られた「計画や設計の初期段階で発注者要求事項を明確に定義し、プロジェクトを円滑に進行させるための支援」(F社)といった基本構想・基本計画に関する期待や、逆に「公共は特に2、3年で担当者が代わってしまうため、竣工後の支援・ケアを発注者支援者が引き続き行えることが望ましい」(C社)といった運用段階での支援に期待する回答もあげられた。さらには、プロジェクト化する以前の「事業の創出支援やマネタイズを期待する」(B社)といった回答もあり、発注者支援者に期待する業務フェーズや役割が非常に広範囲に及ぶことがうかがえた[図10-2]。

なお、ここであがった多様な発注者支援業務は、それぞれ必要とされる専門性が異なると考えられる。例えばプロジェクト初期段階における要件整理や発注者側としての現場管理であれば建築の専門性が重要であり、従来のPM/CMの範疇といえる。しかし、竣工後の支援にテナントリーシングやこれに伴うバリューアップ提案などが含まれる場合は不動産やマーケティングの専門性が必要であり、同様に事業創出やマネタイズであれば財務や金融、また各種補助金や制度に関する専門性が

必要となる。これらはマネジメントというよりもコンサルティングの領域であり、本来のPM/CMとは役割が異なる。日本の場合、現状はこれらの専門性をあまり区別せずに発注者支援の総称としてPM/CMという言葉が用いられている傾向があるが、各発注者支援者の専門分野が見えにくい状況は、高度な専門性を求める発注者にとっては不利益となる危険性があることも考えておかなければならない。

また、発注者支援者の立ち位置に関しては、「CMが発注者代理ではなく、三位一体のように動いてくれるとうまくいく」(C社)、「2000年代初頭はCMとゼネコンは対立的な関係ととらえられることが一般的だったが、最近では協働でプロジェクトを推進する関係に変わってきているとも感じる」(B社)といった、技術的中立の立場で同じベクトルを向いた参画を期待する回答があげられた。これも設計事務所から得られた回答とほぼ同様の期待である。

11.1

発注契約方式とともに変化する役割

多様化する発注方式のとらえ方

本章では、発注者支援業務を提供するPM/CM会社3社（A～C社）へのヒアリング結果を分析する。なお、回答を得た3社は、いずれも建築プロジェクトをおもな対象としているPM/CM会社である。

まず、多様化する発注方式の経験と傾向をヒアリングしたところ、「いずれのパターンも経験しているが、設計施工一貫方式が比較的多い。基本設計からのデザインビルドも多数」(A社)、「デザインビルドが基本である」(B社)、「最近は設計施工一貫方式やECI方式など、施工者が早期から参画する案件が多い」(C社)と、3社とも施工者の早期関与の傾向が高まっていることを示唆する回答となった。なおこの理由について、A社は「CMに依頼が来るという時点でそもそも難しいプロジェクトであることが多く、従来の設計・施工分離方式などの検討も行うが、最終的に設計施工一貫方式に落ち着くことが多い」といった補足をしている。

次に、この設計段階から施工者が関与する傾向をどのように受け止めているかを聞いたところ、A社は「製造業におけるバリューチェーンの考え方が建設業に入ってきているだけであり、もっと促進されるべき」とさらなる普及を期待する回答をし、C社も「プロジェクトに最適な発注方式を検討するにあたり、選択肢のひとつと考える」と、好意的にとらえている回答であった。

一方B社は、「メリットとデメリットを十分に考慮したうえで、適切なコントロールをする必要がある。特にECI方式は、われわれ（発注者支援者）がいて初めて成り立つ

部分があると思う」と、一口に施工者の早期関与といっても、デザインビルドとECI方式では意味合いが異なることに言及した。これについては、A社も同様に「案件にもよるがデザインビルドはメリットが大きいと考える。一方でECI方式は、コミットメントがあいまいになる場合はお勧めしない」との見解を示している。デザインビルドもECI方式も施工者の早期参画という点では同じだが、デザインビルドがプロジェクト関係者や契約を"限定する"方式であるのに対し、ECI方式が技術協力者という新たな役割を"付加する"方式であることの違いが、上記の回答に表れている。関係者や契約が増えることで、さらにその間を調整する役割が求められているというのが実態である。

施工者の選定方式のあり方

各社ともデザインビルドが増えていると回答しているが、これらの方式は設計施工者選定時に単純な金額比較ができないため、設計・施工分離方式よりも選定が困難であるとされる。実際にどのような方法をとっているかについてはA社が詳細を回答している。まず発注図書については「発注者支援者が3、4カ月で基本計画を固めるが、コストをぶれさせないことを意識して発注図書を整備する」「あわせて図面は極力描かず言葉で定義をすることで、ゼネコンの提案を促す場合が多い」といった工夫をしているとの回答であった。なお、設計施工者の選定時に基本計画図を参考として提示するかは、設計施工者のアイデアやノウハウをどの程度引き出したいか、逆に条件を縛りたいかにもよるため、一概に図面を描かないことが正解というわけではない。A社もプロジェクトのニーズに合わせて対応方法を変えているとのことである。また選定・契約については「選定は提案プランや工法の比較、これにコストを加えた総合評価で行う」「契約は民間の場合、設計契約と施工契約を分ける2段階で行う場合が多い」との回答であった。設計契約と施工契約を2段階で行う理由は、設計期間中の変更を踏まえた設計図書と見積書であらためて施工契約を締結することで、工事期間中に発生する変更および増減精算の基点を明確にしておくためである。

それでは、従来の金額のみの比較による入札についてはどうとらえているのだろうか。これについては「競争入札は、きちんと条件と最低入札価格が決まっていれば、ひとつの選択肢としてはありだと思う」(A社)、「最も明確な

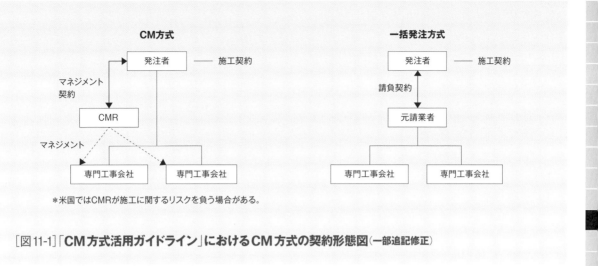

CM方式   一括発注方式

発注者 ── 施工契約   発注者 ── 施工契約

マネジメント
契約

CMR   元請業者

マネジメント

専門工事会社   専門工事会社   専門工事会社   専門工事会社

＊米国ではCMRが施工に関するリスクを負う場合がある。

［図11-1］「CM方式活用ガイドライン」におけるCM方式の契約形態図（一部追記修正）

選定方式と考える」（C社）といった選択肢の幅として否定するものではないとした意見が多かったものの、「金額だけの競争入札では受注者側の意欲や知見が発揮できない。発注者視点で見てもお金だけで決めるのはリスキーだと思う」（A社）といった、できるだけ金額以外の提案も促し総合的に評価することが望ましいとする回答も見られた。またこの際に見極める内容は、必ずしも受注者の技術力や提案力だけでなく、「モチベーションやポテンシャルの部分を含めて選ぶことを勧める」（A社）との回答であった。モチベーションのような定量的に表しにくく主観になりがちな評価項目を加えるべきかという議論は以前からあるが、パートナーとして一緒にプロジェクトを推進することを考えると、むしろ非常に重要な項目であるという意見である。このような金額・実績・技術提案・モチベーションなどの評価点を、プロジェクトの特性に合わせてどう配分すべきかは、発注者がPM/CMに求める主要なノウハウのひとつである。

回答から見えてくる
PM/CMの役割の変化

これらの回答から見えてくるのは、時代に応じたPM/CMに対する期待役割の変化である。日本でCMの検討が本格的に開始された90年代〜2000年ごろまでは、米国におけるCM方式を念頭に、工事を分離発注しそれらの横断的なマネジメントを担う役割がCMととらえられていた。例えば、2002年に国土交通省CM方式活用方策研究会が発行した「CM方式活用ガイドラ

イン」では、一括発注方式と比較したCM方式の契約形態図として、ゼネコンを元請とせず専門工事会社への直接発注を念頭にした図が用いられている［図11-1］。それゆえ、CMはゼネコンにとって代わる関係と理解されるケースも多かったが、現在は上記の通り、ゼネコンの早期活用を検討するプロジェクトにおいてこそ積極的にCMが採用されている現状がある。

この要因としては、日本では法規的に分離発注によるファストトラック（建築物全体の設計ができ上がるのを待たず、設計が終わった部分から順に工事を始める手法）を期待できる範囲が限定的であり、分離発注のメリットが米国ほど得られなかったことに加え、分離発注に伴うリスクや調整業務を発注者自身が担うというビジネススキームが日本の商習慣になじまなかったこと、またデザインビルドの「設計段階における施工者の技術力の採用、早期のコミットメント、工期短縮」（A社）といったメリットが広く浸透したことが考えられる。デザインビルドを検討したいが、設計施工者選定図書の作成に関する知見がない、またゼネコン1社にすべて任せるのは不安といったニーズに応えるかたちで、PM/CMの解釈と業務が徐々に変化していったものと考えられる。

11.2
要件整理と
設計変更への
対応

要件整理の手法と難しさ

前節の通り、発注者支援者は発注方式の検討を担うことも多く、特にデザインビルドを活用する場合は、発注者支援者が整理した要件が直接的に要求水準として発注図書に記載されることも多い。このため、発注者支援者にとって要件整理は非常に重要な業務であると考えられる。

まず要件整理について社内で共通化された手段・方法を持っているかをヒアリングした結果、「共通化できているかは建物用途による。要件シートがきちんと整備されている建物用途もあれば、そうでないものもある」（A社）、「おおむね共通化されている」（C社）、「共通化を行おうとしているところである」（B社）と、どこまで実現できているかには違いがあるものの、各社とも共通化は必要との認識の回答であった。

一方で、「発注者内部にはさまざまな意見の方がいるため、それらをまとめるのが大変。このため複数の手法を試しながら合意形成を行っている」（A社）といった意見もあり、単純に共通化すればいいわけではないとの課題もうかがえる。すなわち、要件整理の表現や項目といったアウトプットの共通化は必要であるが、そこに至るまでの意見集約や合意形成には、プロジェクトに合わせた複数のアプローチを準備しておくことが必要であることを示唆している。なお要件を引き出す際に難しいケースは、「経営方針が見えないとき」（A社）、「具体的な内容を発注者がイメージできていない場合」（C社）、「思っていてもその場では発言せずあとから言って来られたり、何度も

意見を変えられたりする場合」（B社）といった回答であり、いかに発注者の潜在的な課題や要望を引き出すかも発注者支援者の腕の見せ所であることがうかがえる。

要件として整理する内容

また発注者支援者の要件整理に関する回答で特徴的なのは、例えば「スコープをきちんと設定しないとプロジェクト全体がぶれてしまうため、スコープの設定を行うための要件を聞く」（A社）、「スコープの定義として文章化する」（B社）のように、"スコープ"という言葉が用いられていた点である。ここでいうスコープとは、PMの知識体系をまとめた国際的な参考書であるPMBOK（Project Management Body of Knowledge）でいうところの、"成果物と業務の範囲"である。つまり、直接的なハードに関する設計与条件よりも上位にある、事業全体の目的や仕組み、または最終的な到達目標などに近く、実際にA社は「何をやりたいのかというところからスタートする。設計要件として細かい性能・仕様を定めるのはそのあと」と回答している。発注者支援者の行う要件整理は、施設計画よりも上流にある、発注者の事業・経営の視点からアプローチしようとしていることがうかがえ、これは設計や施工といった実務とは一線を引いている発注者支援者ならではの価値ともいえよう。

設計上の不整合による
設計変更とBIM

施工段階において設計変更が生じた場合、その技術的な内容と金額の妥当性について、発注者支援者に確認や助言を求められる場面は多い。特に、設計図書上の不整合が施工段階で露見した場合、その責任（費用負担）を発注者支援者はどのように調整しているのだろうか。基本的には各社とも、設計・施工分離方式であれば設計図書の不整合は設計者（設計事務所）の責任という回答ではあったが、実際は「設計事務所は費用的な負担ができない。一方でゼネコンも設計事務所の設計ミスの責任はとれないので難しい」（B社）のが現実であり、「総予算は決まっているため、設計者、施工者双方にVEなどの提案をしてもらって、コントロールしている」（B社）との回答であった。C社も同様に「施工中の設計者の責任は、増額とならないように設計をまとめること」

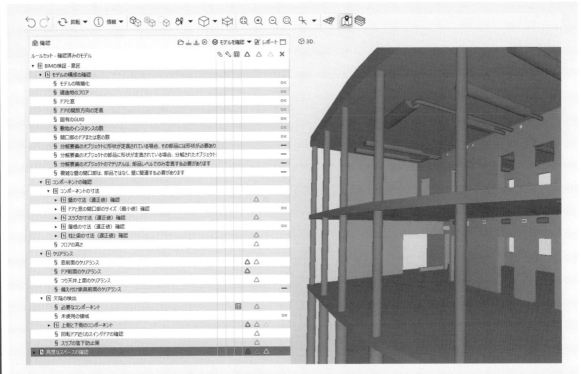

［図11-2］BIMモデルにおける干渉チェック画面（Solibri Model Checker）

構造・仕上げ・設備機器・配管などの3Dモデルをバーチャル空間で重ね合わせることで、互いに干渉している部分を自動的に判別しアラートを出すことができる

と回答しており、設計者や施工者からの回答と同じく、実質的な費用負担先がないために不整合への対応には苦労していることが読み取れる。また、このような設計図書に起因した施工段階でのリスクを未然に回避するために、デザインビルドのような発注契約方式が拡大しているという見方もできる。

このようななか、設計図書のミスや不整合の解消に役立つとして期待されているのがBIMを用いた設計プロセスである。BIMとはコンピュータ上に実際の建物と同じ3次元のデジタルモデルを作製し、各オブジェクトに室名・仕上げ・コスト・管理情報などの属性を付与することで、情報の一元化と有効活用を図る手法である。設計から施工・運用段階まで情報をシームレスにつなげて活用できることが本来のメリットだが、設計段階に限って言えば、ひとつのデータ上に意匠・設備・構造のモデルを統合することで、例えば鉄骨梁下と天井の空間が狭く設備ダクトが通らないなどの問題を視覚的に把握できる利点が大きい。さらには専用のソフトを使うことで干渉部分を自動的に判別し警告を出すこともできるため、設計図書のミスや不整合の未然の発見に有用である［図

11-2］。ヒアリングのなかでもBIMの期待効果として、「（設備機器と建築などの）干渉チェック」（A社）、「問題点の洗い出しが事前に完了すること」（B社）といった声があがった。しかしその一方で「発注者がBIMを必要だと思っていない。発注者に対するメリットが少ないためBIMの採用を提案しづらい」（A社）といった回答もあがっている。発注者がBIMのメリットを享受し必要性を感じられなければBIMの普及・発展は大きく滞るが、そもそも設計図書上の不整合が発注者自身のリスクであるとの認識が浸透していないことも課題の根底にあると考えられる。

［第3部］建築プロジェクトの展望

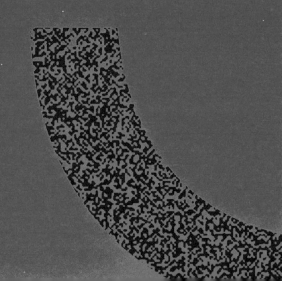

大企業は顧客の意見に耳を傾け、

既存の型を基点とし、高品質な製品サービスを

提供しようとするため、イノベーションに立ち遅れ、

衰退を招く（クレイトン・クリステンセン『イノベーションのジレンマ』1997年）。

日本の建築プロジェクトがさらなる発展を遂げるためには、

プロジェクトオーナーである発注者がお客様であるという思考を、

発注者自らが変えていかなければならない。

建築プロジェクトの関係者は同じ船に乗り込んだパートナーであり、

契約はディールの結果である。

同じ船に乗り込む関係者の範囲やディール戦略は、

プロジェクトの特性に応じて、

プロジェクトオーナーが立案し実行する。

このような考え方に立てば、

発注契約方式は特定のパターンに収まりきらなくなる。

第3部では、これからの発注者に求められる

ケイパビリティに光をあて、いくつかの提言を述べる。

加えて、発注契約方式の多様化を代表するような

プロジェクトの事例を取り上げて解説する。

12.1

発注者に求められるケイパビリティ

発注者の事業における建物用途の分類

［表12-1］は、発注者における建物の利用形態で建物用途を整理したものである。取引形態の分類では、B（Business：法人・団体）、C（Customer：消費者）と略記して、法人・団体同士の取引を「B to B」、法人と消費者間の取引を「B to C」などと記す。供給者（設計者、ゼネコン、工務店など）は、セルフビルドでないかぎり常に「B」とする。発注者は、小規模な住宅系が「C」、それ以外が「B」となる。建物の主たる利用者は、消費者であれば「C」、企業であれば「B」となる。

発注者が「B」のケースは、主たる利用者の違いで3分類できる。ひとつ目は、発注者と主たる利用者が同一の法人・団体で、主たる利用者の部分を空欄として「B to B」となる。二つ目は、主たる利用者が消費者で、「B to B to C」となる。三つ目は、主たる利用者が発注者と異なる法人・団体で「B to B to B」となる。

「B to B to C」と「B to B to B」は、発注者が主たる利用者に建物や空間を「販売」するか「賃貸」するかで細分できる。「B to B to C」の場合、分譲や建売のように消費者に建物や空間を販売する建物が「B to B to C（販売）」、賃貸住宅が「B to B to C（賃貸）」となる。「B to B to B」の場合、竣工後に所有権が別の法人・団体に移転される場合を「B to B to B（販売）」、発注者が所有権を保持したまま別の法人・団体に賃貸するための建物は「B to B to B（賃貸）」となる。

発注者が「C」の場合、消費者自身が発注する建物を「B to C（利用者部分が空欄）」、消費者が賃貸する建物は「B to C to C（賃貸）」となる。消費者所有の建物を改修後に転売する場合は「B to C to C（販売）」、サブリースのように消費者が企業に賃貸する場合は「B to C to B（賃貸）」である。「B to C to B（販売）」は、消費者が法人・団体に販売するケースで「該当なし」である。

以上のように、建物の発注から利用にわたる取引形態とその建物の利用形態の組み合わせは「該当なし」を含めて10ケースを想定できる。同じ用途の建物でも、利用形態によって発注者が建物に求める価値やそのレベルが異なる。また、発注者が消費者の場合、供給者や利用者との取引で情報の非対称性に起因した問題が生じやすい[1]。

プロジェクトの発注における今日的な課題

建物は所有者の寿命をはるかに超える耐久性を持つが、使い道がなくなるとその価値を失う。価値を失った建物は、再生や建て替えで新たな価値を吹き込むこともできる。しかし、そのような可能性を見出せない建物は放置されるか廃棄物となる。短期間で廃棄される建物は、発注者の利益しか考えておらず、地球や地域の環境に負の影響しか与えなかったと酷評されてもしかたない。建設しようとする建物がこのような状態にならないようにプロジェクトをマネジメントすることは、今日の発注者に課された最も重要な責務である。

このことは、どのような建物を建てようとするかというプロジェクトのコンセプトに表れる。切りっぱなしや脳天ビス止めなど耐久性の低い状態で雨がかりに張りつけられた木材や、石油化学製品の建材を多用することが、いくら木材利用の促進や断熱性能の向上に寄与しても、地球環境への負荷を高めてしまうことは想像に難くない。また、省エネ・創エネを目指して設置した機器類が、将来に大量の廃棄物になる可能性も看過できない。こうした資源の有効利用に対する責任は行政も含めた建築関係者全員で負うべきである。

建物が放置された廃棄物にならないためには、その建物や土地を利用したいと考える事業者や人が存在し続ける状態にすることが、最も早い解決策である。そのためには、収益性、災害に対する性能、物理的な耐用年数、材料や工法の価値などを適正に評価し、定期的

[表12-1] 取引形態と利用形態による建物用途の分類

供給者	発注者	主たる利用者	取引形態	利用形態	建物用途の例
B	B	C	B to B	自己使用	自社ビル、工場、病院、公共建築、BTOなど
			B to B to C	販売	分譲マンション、建売住宅など
			B to B to C	賃貸	民間賃貸マンション、UR賃貸住宅、公社賃貸住宅など
		B	B to B to B	販売	REITへの販売、セールアンドリースバック、BOTなど
			B to B to B	賃貸	賃貸オフィス、ショッピングモール、貸し倉庫など
	C		B to C	自己使用	注文住宅など
		C	B to C to C	販売	転売目的の空き家改修など
			B to C to C	賃貸	個人経営の賃貸アパートやシェアハウスなど
		B	B to C to B	販売	該当なし
			B to C to B	賃貸	賃貸アパートの一括借り上げやサブリースなど

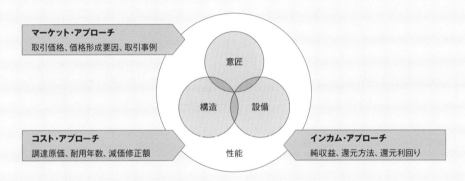

[図12-1] 建物性能評価がもたらす価格評価の精緻化

に診断し、一般に公開する仕組みが有効である。現在でも、デューデリジェンス、エンジニアリングレポート、住宅性能評価、インスペクション、建築物省エネ法、**LEED**、**WELL**、**CASBEE**などが個別分散的に実施されているが、社会がそれらをすべて理解して、建物の価値を正確に把握することは難しい。[図12-1]に示したように、マーケット、コスト、インカムの各アプローチの視点から見た価値と、建物が有する性能を結びつけてプロジェクトを評価するには、建築学と経済学の融合など、学際的な知識が必要となる。こうした課題に対応するケイパビリティが今日の発注者に求められており、その支援が発注者支援者に期待される役割である。

　公共か民間か、継続的な発注を行うか否か、自己利用か商用利用かにかかわらず、良質なストックを築いていくためには、建物を建設することに対する発注者の責任に、よりフォーカスを当てるべきである。それに対し、その要求水準を満たすためにかかる正当な費用を提示することが設計者やゼネコンに課された責務である。確定度の低い設計で価格競争する興趣の薄いゲームが、建設技能者不足、正規/非正規社員や元下請間の格差、品質偽装など、建設業界を弱体化させる構造的な問題を引き起こしてきたことは、過去の経験に学ぶことができる。

註1　志手一哉「建物の価値を評価する視点の多様性」日本建築学会大会（東海）建築社会システム部門パネルディスカッション資料「建物の価格を考える──ストックの健全な活用に向けて」日本建築学会、2021年。

12.2
設計にゼネコンが関与することの課題

発注方式の多様化とゼネコンの設計関与

日本は建築確認審査や建築士制度などで建物の最低品質が法的に担保されるので、他国と比較して発注者がゼネコンに設計を依頼しやすい。発注者は、最低限の品質を所与として、計画した事業を予定通りの工期かつ予算の範囲で完遂してくれる設計者やゼネコンの選定が重要な関心となる。

予算や工期に制約のあるプロジェクトでは、ゼネコンを設計に関与させることへの期待が高くなる。反対に、そうしたハードルが低ければ設計・施工分離方式を選択したほうがよい。また、既存施設を利用しながら増築や建て替えを行う場合や、物流センターや小売りチェーンの店舗など、発注者が標準スペックを整備している建物は、デザインビルドで工期短縮を図りやすい。一方で、A工事、B工事、C工事が複雑にからみ合う場合や、施工段階で多くの設計変更が予想される場合には、設計・施工分離方式のほうが責任を明確にできてプロジェクトを管理しやすい。その場合でも、プロジェクトの進捗に遅れが生じた場合に、実施設計からデザインビルドやECI方式を導入するなどの対策を施すこともある。このように、発注契約方式の多様化とは、設計段階におけるゼネコンのかかわり方や、設計チームのあり方のバリエーションである［図12-2］。

デザインビルドの一般性

日本でデザインビルドと聞けば、ゼネコンが設計と施工を一括で請け負うスタイルを想像することが多い。しかし、国内すべてのゼネコンがこのスタイルに対応できるわけではない。設計部門を有していない小規模なゼネコンも多いし、設計部門を有しているゼネコンでも集合住宅以外の大規模建築を設計できかつ組織設計事務所と対峙できるゼネコンは多くない。したがって、設計事務所とゼネコンが設計と施工を分担するタイプの共同企業体（乙型JV）もデザインビルドの受け手として想定することになる。その場合に設計者とゼネコンのコラボレーションが行われなければ、工事入札にかかる手間と期間を省略できるだけで、設計の進め方は設計・施工分離方式と変わらない。それでも発注者の目的が達成されるというのであればデザインビルドを礼賛すべきである。

デザインビルドの採用によるもうひとつの利点である工事費の縮減は、設計段階のVEが対応する。ただし設計段階のVEは工事費の減少につながるため、ゼネコンにうまみのない仕事である。このコンフリクトを解消するには、デザインビルドの発注に先立ってターゲットコストを設定し、それと設計完了時の積算の差分を発注者とデザインビルドの受注者（ゼネコンや乙型JV）で分け合うようなインセンティブを設定するのが有効である。この方策の実施にあたっては、デザインビルドを発注するための資料（要求水準書、参考図面、基本設計など）をつくり込み、設計のコントロールがしやすい概算を算定することと、設計完了時の積算で工事費を合意する2段階契約あるいはコストプラスフィー契約ができるかという、発注者が直面する二つの課題がある。このような手続きを踏まないとプロジェクト完了時にデザインビルドで工事費を縮減できたかどうかはわからない。

さまざまな観点からプロジェクトに効率性が求められるなかでデザインビルドへの期待は今後も高まっていくと思われる。しかし、その利点を活かすことのできる発注者やゼネコンは限定的かもしれない。技術者が不足している地方や中小企業でデザインビルドに取り組むには、プロジェクト遂行の手続きの策定や、それを軌道に乗せるためのファシリテーションの支援が必要である。

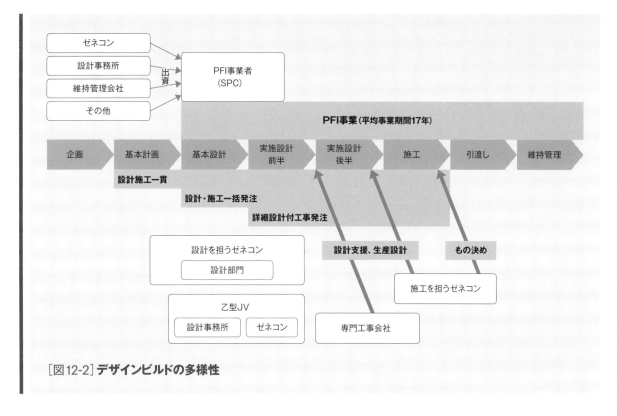

[図12-2] デザインビルドの多様性

設計支援という契約の必要性

ほかにも、日本の民間プロジェクトでは非公式のデザインビルド的な慣行がある。設計・施工分離方式でも、実施設計の詳細度や確定度が低いままゼネコンと工事契約をし、生産設計と称したコーディネーションや、施工しながら「もの決め」をすることが日常的に行われている。また、技術が高度化した現代は、VEで提案されるゼネコンの独自技術の採用、専門工事会社の設計支援など、実質的なデザインビルドを避けがたい。これらの設計支援行為には正当な対価が支払われなければならない。そのためには、設計者の要望を受けた発注者がゼネコンや専門工事会社と設計支援の業務委託を契約する必要がある。

以上に述べたような手法や手続きが建設業界の共通認識として広まらなければ、デザインビルドが都合よく解釈されてしまう懸念がある。

PFIとデザインビルド

PFI（Private Finance Initiative）は、公共事業の設計・施工・維持管理・運営を一括発注することで、民間の資金やノウハウを活用して公共施設の整備にかかるコストの縮減を図る発注方式である。各段階や年度ごとの入札をなくし公共事業の整備にかかる手間を官民双方で軽減できる効果もある。PFIの発注は要求水準書で行われ、VFM（Value for Money）を指標として、PFI事業者に特定目的会社（**SPC**：Special Purpose Company）を選定する。SPCは複数の異業種企業が出資したコンソーシアムで設立されるのが一般的で、ゼネコンがその中核を担うことが多い。SPCの内部で設計と施工をどのような体制で行うかはSPCの裁量である。つまり、PFIはデザインビルドを前提とした公共事業の発注方式と言い換えることができる。

PFIでは契約で定められた事業期間はSPCが施設の管理業務を担う。事業期間中に、契約時に設定したVFMを創出するためには、建設費や運営費を含むLCCを抑制できる設計が求められる。しかし、PFIにもかかわらず設計・施工分離方式と同様に両者が対立的な関係でプロジェクトを進めるのでは、効果的なLCCの抑制計画を望めない。設計者とゼネコンが密なコラボレーションで設計を進めることにより、価値ある施設を遺すことができ、その効用は、VFMのモニタリングで定量的に評価できるはずである。

12.3

建設産業の
変革に向けた
いくつかの提言

「発注契約方式」という
考え方のリセット

バブル経済崩壊後の日本の建築産業は、建築に対する思想よりも経済性や発注者のニーズを重視してきたため、建築家的な設計者が不在でもそれなりのデザイン性のある建物であればよいとする業界の風潮に変わってきた。また、それを設計支援や生産設計のかたちで支えてきたゼネコンや専門工事会社の設計力が向上し、彼らによる事業への提案能力が高まるなかで、発注契約方式の多様化がプロジェクトのあり方の変革として広がっている。

設計の進め方は、設計・施工分離方式かデザインビルドかの二択でなく、基本設計を担当した設計事務所と施工を請け負うゼネコンが共同で実施設計を担うプロジェクトも少なくない。また、BIMの普及に伴って、実施設計に専門工事会社や製造業者が関与する事例も増えている。鉄骨専門工事会社や昇降機メーカーは、大部分のプロジェクトで設計者に対する設計支援を要求されている。いずれ、発注契約方式の分類にあまり意味がなくなり、建築家、設計事務所、ゼネコン、専門工事会社などから各機能や部分の担当を集めて設計チームを自由に組成することも考えられる。発注者は設計を統制する責任者と相談しつつ、設計フローの各段階に誰をどのような責務で参画させるかを計画し、設計と施工の利益相反を解消する契約のオプションを選択してプロジェクトを遂行する。このようなプロジェクトの進め方に対応できるか発注者の能力が問われ、またそれを

支援できるコンサルタントの育成も急務である。

自治体における
プロジェクト発注の課題

公共事業は地域経済を支える役割を持ち合わせており、その観点で発注先を選定することもある。例えば地方で中小規模の施設を建設する場合、地元の設計事務所やゼネコンが対応できるように設計と施工を別々に発注せざるを得ない。このようなプロジェクトの経験を積み重ねてきた発注者は、デザインビルドの必要性を感じる機会があまりない。つまり、国土交通省が想定しているような、地方の自治体における建設技術者不足の問題を発注契約方式の多様化で対処できる場面は多くない。むしろ人手不足を直接支援するような発注者支援が必要である。例えば、10年に一度あるかないかの大規模プロジェクトでデザインビルドを採用する場合、要求水準書のつくり込み、受注者の選定、コストプラスフィー契約などに関する支援が必要となる。しかし、デザインビルドの経験が少ない地方の自治体だけで、有能で信頼できる発注者支援者を探すことには限界がある。そのときに国土交通省の地方整備局や都道府県で発注者支援者の選定をサポートする体制が望まれる。

目標価格を設定した
コストマネジメント

基本設計の開始前に発注者が目標とするターゲットコストを提示することは、プロジェクトを成功に導く重要な鍵である。基本設計が完了してから概算するのではなく、ターゲットコストを下回るように基本設計を進めるのが望ましい。予算しか示さずに設計を委託した場合、設計者は予算の許す限り意匠性を追求するだろう。それが発注者や市民・社会にとって常に最善であるとは限らない。それに対して、要求水準の検討時に簡易な試設計をし、算出した概算をターゲットコストとして提示するやり方であれば、必要とする機能を達成した建物をリーズナブルに取得できる。この場合、的確なターゲットコストをいかに精度よく算定できるかが課題となる。発注者がこのようなノウハウを有していない場合、設計事務所、ゼネコン、PM/CM会社などに発注者支援業務を委託する。

基本設計の初期段階で、建物のどこにどれだけの

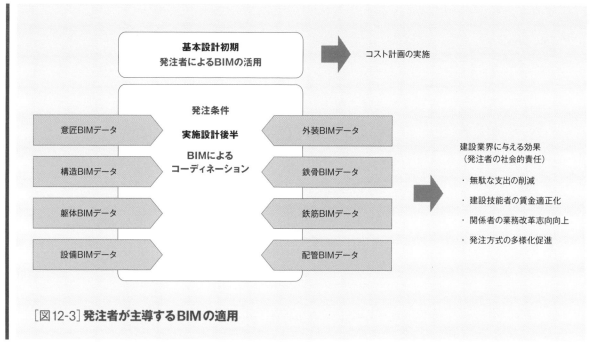

図の内容:

基本設計初期
発注者によるBIMの活用 → コスト計画の実施

発注条件
実施設計後半
BIMによる
コーディネーション

意匠BIMデータ
構造BIMデータ
躯体BIMデータ
設備BIMデータ

外装BIMデータ
鉄骨BIMデータ
鉄筋BIMデータ
配管BIMデータ

→ 建設業界に与える効果
（発注者の社会的責任）
・無駄な支出の削減
・建設技能者の賃金適正化
・関係者の業務改革志向向上
・発注方式の多様化促進

[図12-3] 発注者が主導するBIMの適用

コストをかけるかの配分を検討することを「コスト計画」という。コスト計画を作成しておけば、基本設計の段階で、ある部分のコストを上げるために他の部分のコストを減らすなど、ターゲットコスト内での調整がやりやすくなる。コスト計画を実施するには、部分別の積み上げ方式の概算が必要である。ここでいう部分別とは、地下躯体、地上躯体、屋根防水、エントランス階内装、基準階内装、特殊用途階の内装、空調設備、電気設備、給排水設備、消火設備などの分類でかまわない。これらの概算に利用できる単価データが公開されていると便利だし、それをBIMに取り入れて発注者がコスト計画を行えば、発注者は設計者との議論を効率的に進めることができる。このようなことがBIMを導入することによる発注者のメリットである。

発注者におけるBIMの可能性

実施設計の段階で、意匠、構造、設備、高度な専門工事会社のBIMデータを重ね合わせて部材相互の干渉をチェックし、干渉部分の設計を修正して解消することを「コーディネーション」という。コーディネーションの遂行は、プロジェクトの関係者すべてが享受できる利益となる。工事の着工前にコーディネーションを済ませておけば、施工段階での調整や手戻りのような無駄な手間を限りなくゼロにできる。施工を効率的に進めることは、

発注者が支払った工事費が建設技能労働者の手に渡るまでのロスを削減することにつながる。BIMが普及したことにより、設計段階にゼネコンや専門工事会社が参画していれば、設計者がコーディネーションを短時間で行うことが可能となった。このような見地からも、BIMによるコーディネーションのメリットは、設計者やゼネコンだけでなく、発注者にも還元される[図12-3]。

BIMは全国展開している規模の企業であれば何らかのかたちで導入しているし、地方でも先駆的に取り組んでいる企業がある。国、都道府県、民間の工事でBIMによるコーディネーションを要求することは、業務改革やイノベーションに前向きな企業の応援となる。また、BIMによるコーディネーションを行うためには、ゼネコンや高度な専門工事会社を実施設計に参画させる必要がある。結果として、BIMによるコーディネーションを要求することが発注契約方式の多様化の背中を押すことになる。

このようにBIMを前提とした設計段階のコラボレーションは、いまや欧米の主流な発注契約方式として定着しつつある。これは、1980年代後半に欧米が日本の建築プロジェクトに学び、四半期かけて進化し続けてきた結果である。発注契約方式の多様化とBIMの利用をあわせて考えることが現代の建築プロジェクトのマネジメントにおける本質である。

13.1

PM導入＋
デザインビルド
による
校舎整備

PROJECT

［中央大学
Forest Gateway Chuo］

所在地	東京都八王子市
用途	教育施設（学部共通棟）
構造・階数	鉄骨造＋木造・地上6階建て
延床面積	約14,700 m²（新築部12,700 m²＋既存部2,000 m²）
発注方式	PM導入＋デザインビルド
発注者	学校法人中央大学
設計	竹中工務店
施工	竹中工務店
PMR	インデックスコンサルティング
プログラミング	ゲンスラー
竣工時期	2021年2月

［図13-1］Forest Gateway Chuo

プロジェクトの概要

「Forest Gateway Chuo」は、自然豊かな多摩キャンパスの玄関口、モノレール駅前に新たな中央大学の顔となる建物として、2021年春に開設された。2019年4月に新設された国際情報学部を含めた複数の学部が使用する「学部共通棟」としての機能を有しており、新しい学びの拠点として、講義室、演習室、アカデミックライティングラボ、ホールなど、これまでの教室の考え方を覆す開放空間が広がる。そこに、学生・教員・スタッフが気軽にそして日常的に集うことであらゆる「知」が集合・発信され、交流と対話を通じた学びが可能となる計画が求められた。

また、SDGsへの取組みとして積極的に木材を活用し、教育のDXに対応した施設であり、ガラスカーテンウォールの奥に見える木造空間をアピールできる外観となっている［図13-1］。

技術提案型設計施工入札方式の採用

既存のエネルギーセンターの減築を含んだ改修、増築計画であるため、計画上のみならず法的、構造的、スケジュール的にも非常に困難なプロジェクトであることから、基本計画の段階からPM会社より提案された「技術提案型設計施工入札方式」を採用。プロポーサル方式の入札により選定された建設会社による設計・施工一括方式（デザインビルド）で計画は進められた。要求水準で規定する性能の確保が保証されるうえ、柔軟な設計対応が可能なため、予算通りのコストコントロールで発注者が希望した通りの建物が実現した。

木材を多用した中大多摩キャンパスの新たな顔

このプロジェクトは中央大学が2015年度に策定した中長期事業計画「Chuo Vision 2025」にもとづき進められた。多摩キャンパス整備について、「グローバルで自然環境を活かしたキャンパス」と位置づけている。

建物は多摩の豊かな自然を活かした「森のキャンパス」の入り口として、またダイバーシティ・グローバルゾーンの中核となる施設として位置づけられた。多摩産の木材やCLT（直行集成材）耐震壁を導入して積極的な木造化を図り、先導的な技術の普及促進に寄与することで、文部科学省の2019年度サステナブル建築物等先導事業（木造先導型・省CO₂先導型）に採択された。

PMの果たした役割

計画段階における「学部共通棟」という呼称の通り、複数の学部が共通して使用できる建物とするため、各教室のフレキシビリティや、共用部を利用した学びの空間の設置など新たな教育の場を設けることが求められた。

初期段階から参画したPM会社は、ステークホルダー、学内関係者の意見を調整、コントロールし、全員が同じ目標を共有できるようプロジェクトをマネジメントした。建物を複数学部で共有するというコンセプトを実現するため、プログラミングにおいてはアメリカの設計事務所とのコラボレーションで取り組んだ。また、オフィスと教育施設両方の豊富な実績を活かし、企業のオフィスデザインの手法を取り入れた学びの場のデザインを実践するようマネジメントを行った。

エネルギーセンターの減築については、キャンパスの建物群へのエネルギー供給を停止させずに改修することが前提条件のため、新たに施設を建設するための手順について、さまざまなシミュレーションを行って最適な方法を導き出すとともに、プログラミングから竣工まで約2年8カ月という短期間でプロジェクトが遂行された。

13.2

アドバイザリーボードによる施設構想企画とデザイン監修・CM導入

［角川武蔵野ミュージアム］

所在地	埼玉県所沢市
用途	図書館・美術館・博物館・店舗の複合施設
構造・階数	SRC造・S造・RC造地上5階建て
延床面積	約12,000 m²
発注方式	デザインビルド
発注者	KADOKAWA
デザイン監修	隈研吾建築都市設計事務所
設計	鹿島建設
施工	鹿島建設
CM	久米設計
竣工時期	2020年6月

［図13-2］**角川武蔵野ミュージアム**

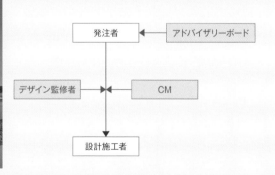

［図13-3］**プロジェクト推進体制**
単純なデザインビルドでなく、デザイン監修者とCMを導入。
施設の企画構想にはアドバイザリーボードを設置し有識者が参画した

プロジェクトの概要

KADOKAWAが所沢市の旧浄化センター跡地約4 haに開発し、2020年11月にグランドオープンしたところざわサクラタウンの一角に建つ「角川武蔵野ミュージアム」[図13-2]。サクラタウンの施設構成は他にオフィスや製本工場、物流倉庫、アニメホテルイベントホールおよび神社などからなる。

隣接する東所沢公園内にも、隈研吾建築都市設計事務所(以下、隈事務所)設計のカフェやチームラボの屋外展示のある武蔵野樹林パークがあり、公園はパークPFIで角川文化振興財団が民間事業者として整備・運営している。

プロジェクトチームの組成

所沢市の旧浄化センター跡地再整備事業コンペでKADOKAWAが事業者に選定されたのち、サクラタウン全体の設計施工を大手ゼネコン、デザイン監修を隈事務所が担当[図13-3]。隈事務所は施設全体の外観デザインの監修を中心に、武蔵野ミュージアムと神社の設計および内装デザインにも深く関わった。また、第三者的なCMとして組織設計事務所を採用した。

プロジェクトの進め方・役割分担

プロジェクト期間は約5年。計画・設計と施工の期間はそれぞれ半分で2年半程度。この規模・難易度の施設にしては施工期間がやや短く、完成は東京オリンピック・パラリンピック開幕に間に合わせることが至上命題だった。オリンピック・パラリンピックは新型コロナウィルス感染拡大の影響で1年延期となったが、工事は当初の予定通り、2020年夏に竣工した。

異例だったのが、施工者の作業所長が設計会議の初期段階には選任されていて、設計会議に参加したこと。作業所長が設計の早期段階から参画することで、技術的な観点からコストや工期に及ぼす影響度について把握しながら設計を進めることができた。

多彩なステークホルダーのマネジメント

発注者・設計者・施工者に加え、プロジェクトには有識者のアドバイザリーボードがあり、KADOKAWA会長を筆頭に、図書館、博物館、美術館それぞれの分野における文化に精通したメンバーが独創的な視点で意見を出し合うため、それらを建築化していくことにエネルギーを要した。

デザイン監修者の石のディテールへのこだわりが強く、大地が持つ、自然の荒々しさを活かすため、厚さ7 cm(通常使う外壁の石は厚さ3 cm)の石表面を叩き割って凹凸をつける割れ肌加工を採用し、中国の石工がそれに見事に応じた。50 cm×70 cmというサイズは、60 kgという職人が持ち運べる岩の重さから決定された。黒地に白の斑が強く入る花崗岩は、隣り合う色が近い色とならずにランダムとなるよう並べた。外壁全体を構成する61の三角形の石の面を床に並べて色味の確認を行った。構造設計・施工の調整にも苦労した。3D-CAD、BIMなしには実現し得なかった建築である。

CMの果たした役割

CMとして参画した組織設計事務所はおもに工事費とスケジュール管理を担当。デザイン監修者に負担をかけることなく、発注者と施工者との間に入ってうまく調整したことが高く評価される。

設計事務所のなかのCM部門だったこともあり、設計者にかかる負担がどんなものかを熟知していたのではないかと推察する。その振る舞いのおかげで設計施工者としては、求められる職務に対する思い切ったパフォーマンスが可能となった。

13.3
ECI方式による
公園整備

PROJECT

［ジブリパーク］

所在地	愛知県長久手市
用途	都市公園
構造・階数	―
敷地面積	約7.1 ha（公園全体約194 ha）
発注方式	ECI方式
発注者	愛知県
技術協力・優先交渉権者	鹿島建設
設計・監修	日本設計（設計）・スタジオジブリ（監修）
施工	鹿島建設
QS	明豊ファシリティワークス
開園時期	2022年11月1日（第1期）

[図13-4] ジブリパークの整備エリア

	2018年度	2019年度	2020年度	2021年度	2022年度	
①青春の丘エリア ②ジブリの大倉庫エリア ③どんどこ森エリア	基本構想／基本設計	実施設計	工 事			開業 おおむね1年後
④もののけの里エリア ⑤魔女の谷エリア			実施設計	工 事		開業

[図13-5] スケジュール概要

プロジェクトの概要

愛知県がスタジオジブリ監修のもと、2005年日本国際博覧会長久手会場(愛知県長久手市)の跡地である「愛・地球博記念公園」区域内に「ジブリパーク」を整備し、2023年度に全面開園を目指すプロジェクトである。約194 haの公園区域内に、ジブリ作品の世界観を表現する5つのエリア合計約7.1 haを整備する[図13-4]。

愛知県はジブリパークの整備にあたり、「愛知万博の理念と成果の継承」「スタジオジブリ作品を伝え残し唯一無二の価値を付与」「多様な利用者がともに楽しめる公園づくり」「歴史的成り立ちに配慮し将来にわたって愛され続ける公園づくり」「公園内の既存施設・活動との共存」を基本方針としており、2018年にジブリパーク整備を構想した[図13-5]。総事業費約340億円の整備による建設投資に関する経済波及効果を約840億円、また、5エリア開業時のジブリパークへの年間想定来園者数約180万人によって新たに創出される消費増に関する経済波及効果を1年当たり480億円と見込んでいる。

ECI方式の採用

ジブリパーク整備のうち建築・造園工事における施工者の選定方式は、実施設計段階から建設会社に技術協力を求め、独自のノウハウを取り入れるECI方式を採用。公募プロポーザルにより技術提案にもとづいて選定された優先交渉権者と技術協力業務の契約を締結した。設計に建設会社からの技術協力を反映させ、その設計に対する工事費の見積りにおいて、価格などの交渉が成立した場合に工事請負の契約を締結する。

CM会社による
コストマネジメント体制構築

ECI方式のメリットを最大限に高めるため、CM会社が、技術協力業務にもとづいて提出された全体工事費や技術提案によるコスト縮減額などに対し、コストマネジメントの専門家(QS能力を有する建築積算コンサルタント)として費用の精査を行うとともに、積算技術面からさらなるコスト縮減に取り組む発注者支援体制を構築している。

ECI方式採択の背景

ジブリパーク整備は、ジブリ作品の世界観を表現する過去に類を見ない特殊な工事であり、世界でオンリーワンとなるコンテンツを表現する、難易度が高い建築工事である。意匠や質感、素材感などにおいてあらかじめ最適な仕様を確定することが困難であり、仕上がりには高いクオリティとディテールを要求される。「技術提案・交渉方式の運用ガイドライン」(国土交通省2020年1月改正)では、ECIを適用する工事は「発注者が最適な仕様を設定できない工事」であり、技術提案(技術協力)のうえとりまとめた実施設計の内容は「標準的なものではなく、各社独自の高度で専門的なノウハウ、工法等を含んでおり、これを踏まえて的確に工事を実施できる者は、当該技術提案を行った者しか存在しない」としている。よって地方自治法施行令第167条の2第1項第二号の規定「～契約でその性質又は目的が競争入札に適しないものをするとき」に該当するとして随意契約により契約締結ができるものとしている。

ECI方式を実現するための課題対応

ECI方式は、優先交渉権者(技術協力者)の協力のもと仕様が確定する一方、価格競争のプロセスがないため、発注者は優先交渉権者との仕様・価格など交渉の内容や結果について説明責任を有する。そのため、発注者は優先交渉権者(技術協力者)との仕様・価格などの交渉において妥当性や透明性に留意していくことが必要となる。

そこで、本プロジェクトでは、優先交渉権者(技術協力者)から提出される各種提案および工事費の妥当性評価、交渉資料の作成・支援などの業務をQS能力を有する建築積算コンサルタントに委託し、的確なコストマネジメントの支援体制を構築することで、ECI方式における課題対応策としている。

13.4

設計・施工一括＋オープンブック方式による展示場整備

PROJECT

［愛知県国際展示場］

所在地	愛知県常滑市
用途	展示場・会議室・フードコート・駐車場
構造・階数	S造・地上2階建て
延床面積	約89,700 m²（竣工時）
発注方式	設計・施工一括＋オープンブック方式
発注者	愛知県
設計	竹中工務店
施工	竹中工務店
DBアドバイザー	日本設計
竣工時期	2019年6月

［図13-6］愛知県国際展示場

［図13-7］**スケジュール概要**

プロジェクトの概要

　中部圏の空の玄関口である中部国際空港（セントレア）島内に、国内初となる国際空港直結型の国際展示場を新築するプロジェクトである。約28 haの広大な敷地に、展示面積60,000 m²の展示ホールと会議施設を併設し、空港と相互利用が可能な駐車場は3,447台を収容する。当展示場だけでなく、空港島では、複合商業施設、第2ターミナル、複数のホテルなどの新たな施設が同時期に建設されており、当展示場はその中核施

設として、交流・イノベーション拠点の役割を担う［図13-6］。

愛知県は展示会を含むMICE産業の成長を見込み、2016年に大型展示場施設の整備を構想。適正工事費、工期縮減の実現に向けた設計・施工一括方式（以下、DB方式）を目指すとともに、公共工事の3命題である公平性、透明性、品質確保の仕組みをつくり実行するためDBアドバイザーを採用。設計施工者はGMP（最大保証金額）順守のもと工期と工事費の縮減を図るとともに、実費精算契約によるオープンブック方式を完遂。本プロジェクトはこの2者によるダブルマネジメント体制のもと2019年8月末に無事開業を迎えた［図13-7］。

DBアドバイザー採択の理由

公共建築工事では設計・施工分離方式が原則とされており、DB方式を採用するためには、諸法およびWTO政府調達協定などとの調整が必要であった。

国土交通省が促進する多様な入札契約方式の適用に関するガイドラインから最適な方式の選択を目指したとしても、限られた時間のなかで、各種条件を整理し設計施工者を選定するためには、ノウハウおよびマンパワーを補完するDBアドバイザーの採用が必要であった。一方で、設計施工段階においても公共工事の3命題遂行は必須であり、DBアドバイザーには、プロジェクト期間を通じた第三者的視点からの確認・助言が求められた。

設計・施工一括発注を
実現するための課題克服

DB方式は民間事業では頻繁に採用される方式であるが、DBアドバイザーは公共工事の本質に立ち返って採用に向けた課題を洗い出し、他事例も参考としたうえで発注者へ正しく説明・共有することによって、最適な解決策の提案を図った。

① **発注・契約方式**：入札および契約に必要な「工事内容」をどのように提示するかが課題であった。入札に際してはDBアドバイザーが実施した発注支援業務のなかでできる限り具体的な建物仕様を設定し、さらに、基本計画をもとにした参考図面の作製・提示を行った。また設計施工契約において

は、基本設計と実施設計・施工との2段階に契約を分割し、基本設計図書を「工事内容」として工事請負契約を締結できる契約体制とした。

② **選定方式**：工事費だけでなく提案内容の評価によって設計施工者を選定する、総合評価落札方式を採用した。有益な技術提案を引き出し、同時に公正な選定を行うために、明確な評価基準を作成のうえ入札参加者に提示した。

③ **設計施工体制**：従来の公共工事の設計・施工分離原則により、公共工事の設計実績を持つゼネコンは少ない。同時に公共工事の特性から、大手ゼネコンだけでなく準大手以下のゼネコンも幅広く競争に参加できる仕組みが必要であった。このため、実績を持つ設計事務所とゼネコンが、各々の業務範囲に応じて責任を負担しつつ共同で事業を行う、乙型共同企業体を組成できることとした。

DBアドバイザー／設計施工者が
受けた評価

発注者は「予算と期限が厳しく定められている条件下において、公共建築工事としての品質を確保するために、発注や工事監理などに対して適切な支援が得られた」「DB方式及びオープンブックによる工事価格の透明性の確保により、工期短縮と工事費縮減が図られたうえで、要求水準を超える展示場が完成し、大きな成果をあげることができた」と評価している。

公共建築工事をDB発注するには、工事内容を明確にすること、公明正大な選定プロセスであること、良質な設計施工提案を求めること、幅広い設計施工者が選定に参加できる仕組とすることが必要であり、本プロジェクトは改めてそれらの課題と対応を発注者とともに整理したことに価値がある。高い透明性が必要な大規模プロジェクトにおいて、管理するDBアドバイザーと実行する設計施工者の協働によるダブルマネジメント体制が非常に有効に機能した事例である。

13.5
BTコンセッション方式によるアリーナ整備

PROJECT

［愛知県新体育館整備・運営等事業］

所在地	愛知県名古屋市
用途	アリーナ（競技場）
構造・階数	―
延床面積	約61,700 m²
発注方式	BTコンセッション方式
発注者	愛知県
運営権者	下記を代表企業とするSPC（前田建設工業〈設計・建設時〉・NTTドコモ〈維持管理・運営時〉）
設計	前田建設工業
施工	前田建設工業
竣工時期	2025年3月（予定）

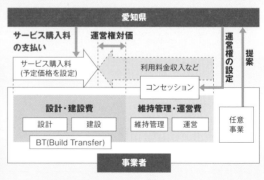

［図13-8］愛知県新体育館（上：内観イメージ、下：外観）

［図13-9］事業スキームのイメージ

プロジェクトの概要

愛知県が誇る名古屋城の城跡に広がる名城公園北園の敷地内に新体育館を建設し、2025年夏にオープンを目指すプロジェクト。約4.6 haの敷地に立ち見を含め最大1万7000人を収容可能な世界最先端のアリーナを整備する［図13-8］。

愛知・名古屋は2026年のアジア競技大会の開催地だが、現在の愛知県体育館は1964年に完成し、既に半世紀以上が経過している。施設の老朽化とともに、規模・機能が国際大会を開催するための国際水準を満たしていない。

そのため、県は、国際大会の開催に必要な規模・機能を有するとともに、大相撲名古屋場所の開催など現体育館が担ってきた伝統と歴史をさらに発展させていく愛知・名古屋のシンボルとなる世界でもトップクラスのアリーナ施設として、新体育館の整備を進めることとした。

BTコンセッション方式の採用

愛知県は、公共施設の設計、建設、管理、運営について、民間の資金やノウハウを活用することを前提に、建設から運営までを事業者に任せて、国、地方自治体、特殊法人などが年間払いで経費を支払う「PFI方式」を推進。

愛知県新体育館整備・運営等事業では、PFI法にもとづいて、事業者が自らの提案をもとに新体育館の設計、建設を行った後、県に新体育館の所有権を移転する「BT（Build Transfer）方式」と、「コンセッション方式」により県が設定した新体育館の運営権にもとづいた維持管理・運営業務を一体とした「BTコンセッション方式」が採用された。

設計・建設から維持管理・運営を一体的に委託することで、事業者の自由度を高め、多様な事業展開・高品質のサービス提供を通し、施設の収益性を確保、さらには事業者の工夫により県負担の建設費や維持管理・運営費などを軽減し、最小の経費で最大の効果を図る。

事業スキームのポイント

愛知県は、事業者が設計・建設から維持管理・

運営（30年）をいくら（予定価格）で実施できるかの提案を受け、設計・建設費と30年間の維持管理・運営費の合計額から利用料金収入などを差し引いた額をサービス購入料として、事業者に支払うスキームとなっている［図13-9］。

そのため、県が設計・建設にかかる費用を全額負担する必要がなく、その一部（サービス購入料）の予算措置をすればよい点、また、設計・建設費の上限を事前に定めないことで、事業者の自由な提案を受けることができる点が特徴として挙げられる。

裁量ある利用料金設定と 施設運営の自由度

施設利用料金は一般利用日（入場料が無料または少額な行事日）を除き、事業者が県と協議のうえ、自由に設定できるよう制度設計することで、創意工夫で収益を伸ばせる仕組が導入されている。

また、ネーミングライツの設定、ホスピタリティの向上に資するサービスの提供（VIPルーム、プレミアムシートなどの設定）、ICT・5Gなどの最先端通信技術の導入、さらに、都市公園内での付帯事業の展開により、従来の公共アリーナに比べた収益向上策を図ることが可能となる。

通信事業者が運営時の代表企業へ

事業者選定の結果、グローバルレベルの空間を確保し、ICT技術を積極的に活用することで一体感や臨場感の最大化を図るとともに、グローバルサービスを展開する新たなアリーナを目指す事業者が選定された。

ゼネコンや維持管理会社でない通信事業者が運営時の代表企業となり、コンソーシアムがライフサイクルコストを勘案しながら運営を主体的に推進する体制に、海外のアリーナ運営事業者らの参画による、企画力・収益増への施策の実現性が評価された。

［用語解説・索引］

A-Z

BIM | Building Information Modeling
--> 019
コンピュータ上に作製した主に3次元の形状情報に加え、諸室などの名称、面積、材料・部材の仕様・性能、仕上げなど、建築物の属性情報をあわせ持つ建築物情報モデルを構築するもの。

BOT | Build, Operate, Transfer --> 064
PFIの事業方式のひとつ。民間事業者が施設を建設し、維持管理および運営し、事業終了後に公共に施設所有権を移転する方式。

BQ | Bill of Quantities --> 062
発注者が用意する、入札・見積り用の数量書のこと。発注者が入札参加者にBQを配布することで、参加者間の見積り比較が明確になる。

CASBEE --> 109
建築環境総合性能評価システム。省エネルギーや環境負荷の少ない資機材の使用といった環境配慮はもとより、室内の快適性や景観への配慮なども含めた建物の品質を総合的に評価するシステム。

CM | Construction Management
--> 026、056
コンストラクションマネジメント。建設生産にかかわるプロジェクトにおいて、発注者から依頼を受けたコンストラクションマネジャー（CMR）がプロジェクトの目標や要求の達成を目指し、プロジェクトを円滑に進めていく活動全般のこと。

CM at-Risk --> 063
米国でCMRにマネジメント業務に加えて施工に関するリスクを負わせる手法。CMRがゼネコンとして工事を受注するCM/GCやCMc（Construction Manager as Constructor）の総称。

CMR | Construction Manager
--> 034、056
コンストラクションマネジャー。プロジェクトの目標や要求の達成を目指し、プロジェクトを円滑に進めていくために、発注者から依頼を受けて各種マネジメント業務の全部または一部を行う発注者の補助者・代行者。

ECI方式 --> 026、073
国際的には設計段階にゼネコンを関与させることを「ECI」という。日本のECI方式は、発注者が、技術提案にもとづいて選定されたゼネコンと工事契約を前提に技術協力業務の契約を締結することをいう。

EPC | Engineering, Procurement, Construction --> 064
設計、調達、施工を含む工事請負契約。設計・施工分離や発注者による専門工事会社調達が一般的に行われる海外では、日本のようにゼネコンによる設計施工一貫方式をEPCと呼ぶこともある。

GMP | Guaranteed Maximum Price
--> 040、054
コストプラスフィー契約において最終的な工事金額が青天井とならないようにゼネコンが保証する最大保証金額。GMPが設定された工事契約では、その金額を超過した金額は受注者が負担する。

IPD | Integrated Project Delivery --> 064
プロジェクトの主な関係者（発注者、設計者、ゼネコンなど）が共同で企画から設計を進める発注契約方式。関係者は、プロジェクトの目標、予算、リスク配分、報酬を共有してプロジェクトを遂行する。

JV | Joint Venture --> 096
共同企業体。複数の建設企業が、ひとつの建設工事を受注、施工することを目的として形成する事業組織体のこと。標準協定書の種類によって、業務を共同で行う甲型JVと業務を分担する乙型JVに分けられる。

LEED | Leadership in Energy & Environmental Design --> 109
非営利団体USGBC（U.S. Green Building Council）が開発・運用し、GBCI（Green Business Certification Inc.）が認証の審査を行っている、建築や都市の環境性能評価システム。

PCSA | Pre-contract services agreement --> 065
確約はしないが工事契約を前提に、施工会社（ゼネコンや専門工事会社）が建築士に設計協力をする契約を、発注者と施工会社が締結すること。

PFI | Private Finance Initiative
--> 030、111
公共施設などの建設、維持管理、運営などを民間の資金、経営能力および技術的能力を活用して行う手法。国や地方公共団体などが直接実施する場合に比べ、費用対効果が期待される場合に採用される。

PM | Project Management
--> 031、056
プロジェクトマネジメント。プロジェクトの運営、品質、コスト、納期などについて、効率的・効果的に完了させることを目指して行われる一連の管理プロセス。建設事業においては、発注者内または業務委託されたPMR（プロジェクトマネジャー）が、設計者、施工者、コンサルタントなどの関係者の調整・管理を行う。

QS | Quantity Surveyor --> 062
英国とその影響下の国における、発注者の利益を守る独立した専門職能。建築プロジェクトのコストを見積り、管理するだけでなく、構造物が法的基準や品質基準を満たしていることを確認する。

RIBA | Royal Institute of British Architects --> 062
王立英国建築家協会。英国における建築家の職能団体で、その前身であるロンドン英国建築家協会は1834年に設立された。英国で登録建築家になるにはRIBAの認定試験PART3に合格する必要がある。

RIBA Plan of Work --> 064、066

1963年に初版が発行されたRIBAが発行しているプロジェクトのフレームワーク。プロジェクトを0〜7の8つのステージに分け、プロジェクトの参加者の責務と役割をマトリクスで示している。

SPC | Special Purpose Company --> 111
特別目的会社。企業が不動産など特定の資産を企業内部から切り離し、その特定の資産やプロジェクトのためだけにつくられる会社。

VE | Value Engineering --> 031
バリューエンジニアリング。VEとは、製品やサービスの「価値」を、それが果たすべき「機能」とそのためにかける「コスト」との関係で把握し、「価値」の向上を図る手法。価値を下げてコスト低減を図るCD(Cost Down)と区別される。

VFM | Value for Money --> 062
一般的には「金額に見合った価値」の意味。PFIの場合、従来の方式と比べてPFIのほうが総事業費をどれだけ削減できるかを示す割合のこと。

WELL --> 109
WELL認証。人の健康とウェルビーイング(身体的、精神的、社会的に良好であること)に影響を与えるさまざまな機能をパフォーマンスベースで測定・評価・認証する評価システム。

あ行

インセンティブフィー --> 053
コストプラスフィー契約において、ターゲットコストと実コストの差額を、事前に取り決めた比率を用いて発注者と受注者の間で配分した報酬。

請負 --> 048
請負人がある仕事を完成することを約束し、注文者がその仕事の結果に対してその報酬を支払うこと。請負契約を締結することで、請負人は仕事の完成義務を負い、完成に対して当然に報酬が認められる。

オープンブック方式 --> 031
ゼネコンが発注者に対して、専門工事会社の選定過程や発注金額、支払い内容などすべてのコストにかかる情報を開示し、その内容について発注者または第三者が精査する方式。

か行

概算 --> 034
プロジェクトの実現可能性の検討から始まり、設計の各段階にわたって経済的な設計とするためのコストスタディに重点を置いて行う、工事費をおおまかに計算すること。

価格競争方式 --> 028、050
入札で最も有利な価格を提示した者と契約を締結する方式。積算基準が明瞭であり、仕様があらかじめ具体的に特定され、誰が行っても結果の同一性が保証できる場合に適用される。

監理 --> 060
規則や事前の取り決めの通りに事が進んでいるかを確認し取り締まること。「工事監理」の場合は設計図書の通りに工事が行われているかどうかを監督する役割を指す。

技術提案・交渉方式 --> 050
工事の性格などにより当該工事の仕様の確定が困難である場合において、技術提案を公募のうえ、その審査の結果を踏まえて選定した者と工法、価格などの交渉を行うことにより仕様を確定したうえで契約

する方式。

競争入札 --> 024、050
複数の契約希望者に契約条件を提示させ、最も有利な条件を提示した者と契約すること。誰でも入札に参加できる「一般競争入札」と、入札に参加する者を過去の実績や技術力などであらかじめ絞り込む「指名競争入札」がある。

建設技能労働者 --> 014
建設工事の直接的な作業を行う、技能を有する労働者。法的な定義はないが、総務省の労働力調査では「建設業の生産工程従事者、建設・採掘従事者、輸送・機械運転従事者」を技能者としている。

建設キャリアアップシステム --> 017
通称CCUS。現場従事者の就業履歴や保有資格をデータベースに記録・閲覧・管理するシステム。技能者一人ひとりの技能の公正な評価、工事の品質向上、現場作業の効率化などを目指す。

建設業就業者数 --> 016
総務省の労働力調査をもとに国土交通省で算出した人数で、建設に分類されている、技術者、技能労働者、管理的職業、事務従事者、販売従事者、その他で構成される。

建築技師 --> 022
地方公共団体で、学校施設などの設計、建築物の耐震診断、建築確認申請の審査、市営住宅の管理など、各種工事の設計・積算から工事完成に至る一連の業務、公共事業の計画などを担う職務に就く者。

建築技術者 --> 016
住宅・その他の建築物の建設・改修・維持に関する計画・設計・工事監理・技術指導・施工管理・検査などの技術的な仕事に従事するものをいう。

工事監理 --> 060
工事を設計図書と照合し、設計図書の通りに実施されているか否かを建築士が確認すること(建築士法)。一定の建築物の工

事をする場合、工事監理者を定めることは建築主の義務である（建築基準法）。

工種別　　　　　　--> 034

工事の種類を表す「工事種別」の略語。コンクリート工事、鉄筋工事、内装工事、電気設備工事などの専門性で区分される。工種別見積りの内訳、建築工事標準仕様書の章立て、建設業許可の分類などが該当する。

コストオン方式　　　--> 074

発注者が特定の工事について専門工事業者を個別に選定したうえで、発注者とその専門工事業者の間で取り決められた工事費に現場管理の経費を上乗せしてゼネコンに工事発注する契約。

コストプラスフィー契約　--> 040、052

工事の実費（コスト）を実費精算とし、これにあらかじめ合意された報酬（フィー）を加算して支払う契約。実費精算契約ともいう。

コストプランニング　　--> 034

部分やエレメントといった分類で、建築家がコストをデザインする、戦後英国のQSが生み出した概念・方法論。部分別見積り内訳による概算で設計段階におけるコストコントロールを行う。

コストマネジメント　　--> 034

建築事業におけるコスト有効性を向上させるために、コストの目標を設定し、その達成を図る一連の管理活動。

さ行

実費精算契約　　--> 031、052

工事の実費（コスト）を実費精算とし、これにあらかじめ合意された報酬（フィー）を加算して支払う契約。コストプラスフィー契約ともいう。

詳細設計付工事発注方式　--> 024

構造物の構造形式や主要諸元、構造一般図などを確定したうえで、施工のために必要な詳細設計を施工と一括して発注する方式。

随意契約　　　　　--> 028

競争の方法によらないで、発注者が任意に特定の相手方を選択して締結する契約方法。競争入札と比べて発注者の負担が少なく、相手の能力などを熟知のうえで選定することができるメリットがある。

生産設計　　　　　--> 018

建物の最終形を決定するための設計業務。主として詳細図や躯体図などの施工図の作製やそのための各種の製作図相互の整合性を調整する業務が該当する。多くの大手ゼネコンが生産設計専門部門を設置している。

積算　　　　　　　--> 038

設計図や仕様書をもとに、使用する材料や数量を計算し、建築にかかる工事費を算出する業務。

設計競技（コンペ）方式　--> 028、050

発注者が、複数の設計者から対象プロジェクトについての「設計案」の提出を求め、そのなかから最もすぐれた「設計案」を選び、その提案者を設計者に指名する方式。

設計・施工一括発注方式　--> 024

設計を施工と一括で発注する方式。受注者はゼネコン1社が請け負う場合もあれば、設計事務所とゼネコンがJVを組む場合もある。

設計施工一貫方式　　--> 074

基本設計から施工までをゼネコン1社に発注する方式。

設計・施工分離方式　　--> 024

別途実施された設計にもとづいて確定した工事の仕様により、その施工のみを発注する方式。

ゼネコン　　　　　--> 012

元請負者として各種の土木・建築工事を一式で発注者から直接請け負い、工事全体のとりまとめを行う建設会社を指す。総合工事会社ともいう。

専門工事会社　　　--> 014

建設業法で規定される29の建設工事の

内、土木一式工事と建築一式工事以外の専門工事の建設業許可を取得して工事を行う会社。サブコンと呼ぶこともある。

総価請負契約　　　--> 052

受注業者が建設工事を一式総額で請け負う方式。契約締結後は設計変更などにより当初の契約条件が変わらない限り、請負金額は変わらない。ランプサム契約ともいう。

総合評価落札方式　　--> 028、050

入札者に、工事価格に加え技術提案や実績を求め、これらを総合的に評価して落札者を決定する方式。

た行

ターゲットコスト　　--> 052

発注者が、基本計画の内容で決める目標原価のこと。発注者は、目標原価に収まるように設計をマネジメントすることで建設コストの上限を早期に確定できる。

ターンキー　　　　--> 064

プラント工事などで、単一の企業が設計から機器・資材・役務の調達、建設および試運転までを一括して総価請負契約をする方式。フルターンキーともいう。

段階的選抜方式　　--> 050

技術提案を求める競争入札において、一定の技術水準に達した者を選抜したうえで、これらの者のなかから提案を求め落札者を決定する方式。

デザインビルド　　--> 012、031

ゼネコンに、施工に加え設計業務の全部または一部を委託する方式。設計・施工一括発注方式や設計施工一貫方式などの総称。

特命　　　　　　　--> 014

発注者が、特定の事業者を指名して競争入札を行わずに契約を結ぶこと。公共工事では例外的な契約方法であるため、ガイドラインを設けている自治体もある。

な行

2段階発注方式 --> 026、066
デザインビルドにおいて、工事費の見積りが可能となる状態の前と後で契約を分ける方式。例えば、設計業務委託契約と工事請負契約を分けて契約をする。

ノベーション --> 026、066
プロジェクトの途中で契約相手が変わることを意味する言葉。英国や米国では、実施設計以降のデザインビルド発注で、発注者が基本設計を委託契約した設計者が基本設計を行い、実施設計以降は同一の設計者がゼネコンと契約を結んで進めることを指す。

は行

パートナリング --> 062
複数の利害相反する人びとがチーム構成員となってプロジェクトの目的達成に向かって協働行動をするプロジェクトマネジメントの手法。

発注者支援型CM方式 --> 056
公共工事で発注者の工事段階の監督体制が不足する懸念がある場合に、民間企業の専門技術者を配置させることによって、監督業務を補完する方策のこと。

部分別 --> 034
設計の初期段階におけるコスト計画を行うために、建物の部分や機能別に分類した工事費内訳のこと。各部分の下地から仕上げを含んだ合成単価を用いて概算をする。

プロポーザル方式 --> 028、050
建築設計を委託するうえで、もっとも適した「設計者(人)」を選ぶ方式。技術力や経験、プロジェクトにのぞむ体制などを含めたプロポーザル(提案書)の提出を求め、公正に評価して設計者を選ぶ。

フロントローディング --> 013、074
設計の初期工程にリソースを投じ、いままで後工程で行われていた作業を前倒しして進めること。日本建設業連合会はIPD的な要素を組み入れた独自の定義をしている。

分離発注 --> 074
工事を一括でゼネコンに発注するのではなく、いくつかの工事に分割して、それぞれについて個別に工事契約を結ぶこと。工事現場の統括的な管理は発注者の責務となる。

ベンチマーキング --> 032
有効な外部情報やデータをベンチマーク(水準)として、自組織の同データと比較することで、その差異を分析し、外部の組織が実践している最良のマネジメントに学び、自組織に取り入れて改善につなげる考え方。

ホールライフ・コスティング --> 030
ISO 15686-5:2017で採用されている、ライフサイクルコスト(LCC)に、企画や用地取得などの非建設コスト、施設で得られる収入、外部に対する効用(外部性)を加えた概念。

ま行

目標価格 --> 029
発注者が目標とする契約価格(ターゲットプライス)のこと。

や行

要求水準書 --> 030
発注者が提示する委託業務や請負業務における仕様書に相当する文書。各事業者に対して要求する業務の範囲、実施条件、達成水準を示したもの。その内容は、仕様による規定から性能による規定の幅のなかで建物に求める性能などを取りまとめて作成される。

予定価格 --> 022
公共工事において、競争入札や随意契約などの価格について、その契約金額を決定する基準として、あらかじめ作成しなければならない見込価格。

ら行

ライフサイクルコスト --> 032
ファシリティの全生涯に必要とされる費用の総計。企画・設計・施工に要する施設投資額、竣工後の運営維持段階に発生する費用、解体処分費用で構成される。

ランプサム契約 --> 063
契約金額として約定された固定金額で契約上の義務を請け負う契約。契約当事者間の合意がない限り原則として金額は変更されない。総価請負契約ともいう。

リーンコンストラクション --> 064
トヨタ生産方式の考え方を用いて、工事における無駄のない高い生産性と品質確保を追求しようとする建設の考え方。

［参考文献］

第1部

▌ 木下誠也・佐藤直良・松本直也・田中良彰・丹野弘「公共工事の入札契約制度の変遷と今後のあり方に関する考察」『建設マネジメント研究論文集』Vol.15、土木学会、2008年

▌ 初田亨『職人たちの西洋建築』講談社、1997年

▌ 池田將明『建設事業とプロジェクトマネジメント』森北出版、2000年

▌ 新建築学大系編集委員会編、古川修・永井則男・江口禎著『新建築学大系44 建築生産システム』彰国社、1982年

▌ 藤本隆宏・野城智也・安藤正雄・吉田敏『東京大学ものづくり経営研究シリーズ 建築ものづくり論』有斐閣、2015年

▌ 古阪秀三・遠藤和義・山崎雅司「集合住宅設計における生産設計方法論の確立(1)──生産設計の概念と設計変更調査」『日本建築学会近畿支部研究報告集』日本建築学会、1990年

▌ 国土交通省「公共工事の入札契約方式の適用に関するガイドライン」2015年

▌ 国土交通省「公共建築工事の発注者の役割 解説書(第三版)」2021年

▌ 業務報酬基準検討委員会「建築士事務所の開設者がその業務に関して請求することのできる報酬の基準について」2019年

▌ 日本コンストラクション・マネジメント協会『CMガイドブック 第3版』水曜社、2018年

▌ FM推進連絡協議会編『公式ガイド ファシリティマネジメント』日本経済新聞出版社、2018年

▌ 奥田修一「LCC(ライフサイクルコスト)とインフラ長寿命化」『建築コスト研究』No. 105、2019年

▌ 皆銭宏一「設計事務所の建設工事コスト管理の取組み」『建築コスト研究』No. 75、2011年

▌ 日本建築積算協会『建築プロジェクトにおけるコストマネジメントと概算』日本建築積算協会、2013年

▌ 建築コスト管理システム研究所・日本建築積算協会編『建築数量積算基準・同解説(平成29年版)』大成出版社、2017年

▌ 大本俊彦ほか「建設請負契約におけるリスク分担」『土木学会論文集Ⅳ』693巻、2001年

▌ 国土交通省不動産・建設経済局建設業課「発注者・受注者間における建設業法令遵守ガイドライン(第3版)」2021年

▌ 民間(七会)連合協定工事請負契約約款委員会ウェブサイト「講習会でのQ&A」

▌ サトウファシリティーズコンサルタンツ「米・英国におけ

▌ る建築性能仕様書の活用事情」同社ウェブサイト

▌ 南雲要輔「英国の建築士による最高限度額を保証する専門工事業者との協働に関する考察」『第36回建築生産シンポジウム論文集』日本建築学会、2021年

▌ 林晃士・田澤周平・井上淳・志手一哉・蟹澤宏剛・安藤正雄「米国におけるBIMを活用した民間発注者主導のプロジェクト運営に関する研究」『第32回建築生産シンポジウム論文集』日本建築学会、2016年

▌ 田澤周平・林晃士・志手一哉・蟹澤宏剛・安藤正雄「米国建築産業におけるBIMに関連する標準・制度に関する研究」『第32回 建築生産シンポジウム論文』日本建築学会、2016年

第2部

▌ 伊井夏穂「多様化する日本の発注契約方式に関する研究」2018年度芝浦工業大学大学院修士論文、2019年

▌ 齊藤由姫「プロジェクトの進め方から見る発注者主動のBIM活用に対する考察」2019年度芝浦工業大学大学院修士論文、2020年

▌ 安部里穂・齊藤由姫・志手一哉「設計段階に施工者と発注者支援者が関与する発注方式に対する各主体者の意識に関する研究──実務者へのヒアリングに基づいて」『日本建築学会計画系論文集』第86巻第786号、日本建築学会、2021年

用語解説

▌ 日本建築積算協会『新☆建築コスト管理士ガイドブック』日本建築積算協会、2020年

▌ FM推進連絡協議会編『公式ガイド ファシリティマネジメント』日経BPM、2018年

▌ 日本建築積算協会『建築コスト管理士ガイドブック』日本建築積算協会、2013年

▌ 『日本大百科全書(ニッポニカ)』小学館、1994年

▌ 川元茂『『要求水準』とコスト・品質との関係を考える──野球の『投球ゲーム』に例えて」『建築コスト研究』No. 109、2020年

▌ 南雲要輔「業務独占権のない英国の建築士と設計部のない建設業」『建築コスト研究』No. 102、2018年

▌ 佐藤隆良「コンサルタントとしての積算──英国QSに見る生き残り戦略」『建築コスト研究』No. 98、2017年

▌ 平野吉信「英米等における発注方式の動向──ハイブリッド方式の発展」『建築コスト研究』No. 84、2014年

▌ 岩松準「『コストプランニング』の起源」『建築コスト研

究』No. 76、2012年

■ 内山瑛「SPCとは? メリット・デメリットと代表的なスキーム3つ」『THE OWNER』(ウェブサイト)、2021年

■ 田澤周平「米国におけるIntegrated Project Delivery(IPD)に関する研究——民間IPD約款の比較」『第33回 建築生産シンポジウム論文集』日本建築学会、2017年

■ 猪熊明「リーンコンストラクションのご紹介」『JCMマンスリーレポート』Vol.23、No. 1、2014年

■ 日本建設業連合会編「フロントローディングの手引き2019」日本建設業連合会、2019年

■ 古阪秀三「建築プロジェクトの概算工事費はどのように変化しながら、『目標工事費』になっていくのか」新国立競技場整備計画経緯検証委員会(第2回)資料、2015年

■ 二宮孝夫「英国のAchieving Excellence in Construction initiative ——パートナリングというチームワークによるプロジェクトマネジメント」『建設マネジメント技術』354、経済調査会、2007年

■ 国土交通省「公共工事の入札契約方式の適用に関するガイドライン」2015年5月(2022年3月改正)

■ 国土交通省「建設業及び建設工事従事者の現状」第1回建設工事従事者安全健康確保推進専門家会資料、2017年

■ 国土交通省「多様な契約方式の検討について」第1回多様な契約方式活用協議会資料、2012年

■ 国土交通省「国土交通省直轄事業における発注者支援型CM方式の取組み 事例集(案)」2009年

■ 国土交通省「プロポーザルを始めよう!——質の高い建築設計の実現を目指して」2008年

■ 国土交通省「公共工事における総合評価方式活用ガイドライン」2005年

■ 国土交通省「CM方式活用ガイドライン——日本型CM方式の導入に向けて」2002年

■ 国土交通省「共同企業体制度(JV)」

■ 国土交通省「建設業の許可とは」

■ 国土交通省「公共工事の入札契約制度の概要」

■ 全国営繕主管課長会議「建築設計業務委託の進め方——適切に設計者選定を行うためのマニュアル」2018年

■ 全国営繕主幹課長会議幹事会「建築工事監理等業務委託の進め方——公共建築の工事監理等業務委託マニュアル」2016年

■ 総務省「日本標準職業分類」

■ 総務省統計局「労働力調査」

■ 民法第632条

■ 予算決算及び会計令第七十九条、第九十九条の五

■ Green Building Japanウェブサイト

■ RIBA Architecture.comウェブサイト

■ アーキブック「建設用語集」ウェブサイト

■ インデックス「用語集」ウェブサイト

■ 桂積算「積算の仕事」ウェブサイト

■ 建設業振興基金「建設キャリアアップシステム」ウェブサイト

■ 住宅・建築SDGs推進センターウェブサイト

■ 内閣府「PPP/PFIとは」ウェブサイト

■ 日本バリュー・エンジニアリング協会ウェブサイト

■ 日本貿易保険ウェブサイト

■ 日本プロジェクトマネジメント協会(PMAJ)ウェブサイト

■ 阪急コンストラクションマネジメント「CM・建築プロジェクト用語集」ウェブサイト

■ 都城市ウェブサイト

［図版出典・クレジット］

第1部

図1-2　総務省「労働力調査」、国土交通省「建設投資見通し」

図1-4　国土交通省「建築物ストック統計」2018年1月1日現在

図1-5　国土交通省建築BIM推進会議「建築BIMの将来像と工程表」2019年

表1-3　彰国社編『新訂 建築施工図の描きかた』(彰国社、1977年)をもとに作製

図2-1　総務省「地方公共団体定員管理調査結果」2005〜2020年

図2-2　国土交通省「公共工事の入札契約方式の適用に関するガイドライン」2015年

図2-3　国土交通省「多様な入札契約方式の活用に向けて」2017年

図2-5　全国営繕主管課長会議「官公庁施設の設計業務に関する実態調査の結果」2017年

図3-1　奥田修一「LCC(ライフサイクルコスト)とインフラ長寿命化『建築コスト研究』(No.105、2019年)をもとに作製

表3-1　FM推進連絡協議会『公式ガイド ファシリティマネジメント』日本経済新聞出版社、2018年(一部変更)

図4-1　建築・住宅国際機構「建築仕様書の研究」(2002年)をもとに作製

図5-2　日本銀行(木材価格指数)、鉄鋼新聞(鋼材価格指数)、建設物価調査会(建設資材物価指数)/「建築費が超高騰時代へ突入すると見込まれる具体的な理由とは」2022年版」『アーキブック』2022年

図5-7　国土交通省「地方公共団体におけるピュア型CM方式活用ガイドラインについて」2020年

図5-8　日本コンストラクション・マネジメント協会『CMガイドブック 第3版』(水曜社、2018年)を参考に作製

表5-1　新座市「設計者の選定方式について」

図6-4　金多隆・吉原伸治・古阪秀三「建設業における系列とパートナリングの比較分析」『第21回 建築生産シンポジウム論文集』(日本建築学会、2005年)をもとに作製

図6-6　田澤周平・濱地和雄・小笠原正豊・岩松準・志手一哉・蟹澤宏剛・平野吉信・安藤正雄「米国におけるIntegrated Project Delivery(IPD)に関する研究　民間IPD約款の比較」『第33回 建築生産シンポジウム論文集』日本建築学会、2017年

図6-7　林晃士「米国におけるプロジェクトでのBIM活用に対する発注者の関与に関する研究」2016年度芝浦工業大学修士論文、2017年

図6-8　志手一哉「ICT時代における建設業の生産性」『建築コスト研究』No.103、2018年

第3部

図12-1　中城康彦「資金の出し手から見た価格——収益性を前提とした投資判断」日本建築学会大会(東海)建築社会システム部門パネルディスカッション資料「建物の価格を考える——ストックの健全な活用に向けて」(日本建築学会、2021年)をもとに作製

表12-1　志手一哉「建物の価値を評価する視点の多様性」日本建築学会大会(東海)建築社会システム部門パネルディスカッション資料「建物の価格を考える——ストックの健全な活用に向けて」日本建築学会、2021年

図13-1　撮影：小川重雄

図13-2　上：SS Nozomu Shimao。下：角川武蔵野ミュージアム

図13-4・5　「【知事会見】2022年度におけるジブリパーク整備の内容について」愛知県、2022年2月

図13-6　提供：愛知県

図13-8　愛知国際アリーナ

＊特記のないものは、筆者提供。

あとがき

建設プロジェクト運営方式協議会（以下、CPDS協議会）の設立以来の調査研究成果をまとめ、書籍にする構想が立ち上がったのは2018年のことである。その後、いったんは学術的な報告書として全編を書き上げ、建設実務書の分野で実績のある彰国社に相談を持ち掛けたのはコロナ禍の第1波が落ち着きつつあった2020年の夏の最中である。2021年のはじめに書籍の方向性が決まり、本格的な執筆と編集に入り、約1年半におよぶオンラインのミーティングを積み重ねて本書が完成した。

現在の建築業に直接つながる生業は、幕末開港以来、150年を超える長い歴史を持つ。現在までの間に、幾多の社会的な大変化に対応しながら現在のシステムが築きあげられてきた。それだけに、現代の建築プロジェクト・マネジメントを客観的に見直して再整理することは、実務のなかでは難しい。そこにアカデミックな観点を入れて実務者を中心に調査分析したことに、この書籍の執筆に取り組んだことの意味がある。日本以外の多くの国の大学では、建設関連の学部に「コンストラクションマネジメント学科」が存在する。それに対して日本の大学には、その分野を専門に学ぶ学科がない。建築生産という教科書はあるものの、建築施工や材料施工との境界があいまいであることも否めない。このように建築生産という学問分野がマイナーなこの国において、建築生産プロセスの全体を網羅し、かつプロジェクト・マネジメントに焦点をあてた教科書的な書籍の上梓を目指したわけである。本書が、建築業にかかわるすべての職能が身につけるべき基礎知識として、大学や企業の教育で利用されることを期待する。

本書をまとめるにあたり、多くの方々にお力添えをいただいた。すべてのお名前を挙げることはできないが、特に以下の方々にはお礼を申し上げたい。

当協議会の設立初期に調査研究委員会の委員長を務めていただいた東京大学生産技術研究所の野城智也教授には、委員会の方向性を示していただくとともに、活動の成果をまとめて世に送り出すようにとの励ましの言葉をいただいた。紆余曲折を経て本書が形をとることができたのは、野城先生が背中を押して下さった一言があったからだと感謝している。調査研究委員会、それに続く普及啓発委員会に積極的に参加していただいたCPDS協議会会員企業の担当者の皆様には、本書を執筆するうえで多大な示唆を頂いた。なかでも、黒木正郎氏、山田晋治氏、永富宣治氏には記して感謝の意を表したい。また、事務局長として調査研究を支えてくれた牟田正和氏、島岡聖也氏にも感謝を述べたい。彰国社の編集者・神中智子氏とデザイナーの刈谷悠三氏には、本書を形にするうえで大変お世話になった。この場をお借りして御礼申し上げる。

最後に、CPDS協議会の日々の活動を支えていただいている会員企業の皆様、ご指導いただいている財務省・国土交通省をはじめとするオブザーバーの各機関には、あらためて謝意を述べるとともに、今後より一層のご支援・ご協力をお願いしたい。

執筆者一同

［編者・著者紹介］

建設プロジェクト運営方式協議会(CPDS)

設立：2015年5月(2017年5月一般社団法人化)
目的：多様な建設発注方式の普及と建設発注の担い手の育成
活動：
①委員会　資格認証委員会・普及啓発委員会・官民連携委員会および海外連携作業部会が活動
②政策提言　2020年4月に「新型コロナウイルス感染症に係る緊急提言」発表
③シンポジウム　2016年から毎年開催。2020年および21年はオンライン国際シンポジウム(基調講演：ジャック・アタリ氏〈2020年〉、マイケル・サンデル氏〈2021年〉)を関連組織(環境未来フォーラムおよびPPP推進支援機構)と共同で開催
④フォーラム　少人数のセミナー。これまでに5回開催
⑤出版事業　『現代の建築プロジェクト・マネジメント』2022年7月、彰国社
役員：
代表理事　花村邦昭(大妻学院顧問、前理事長・学長)
副会長　植村公一(愛知県政策顧問・前国土交通省政策参与)
理事8名、監事2名
会員：法人会員40社
オブザーバー：財務省、文部科学省、厚生労働省、国土交通省、UR都市機構、JAXA、JICA、国立病院機構、愛知県、埼玉県、日建協

志手一哉　しで・かずや

芝浦工業大学建築学部建築学科 教授

1992年、国立豊田工業高等専門学校建築学科卒業後、竹中工務店に入社。施工管理、生産設計、研究開発に従事。2014年、芝浦工業大学工学部建築工学科・准教授。2017年より現職。2009年、技術経営修士(専門職)、2013年、博士(工学)取得。専門分野は建築生産マネジメント。おもな著書=『建築ものづくり論── Architecture as "Architecture"』有斐閣(共著、2017年日本建築学会著作賞)ほか。建築情報学会常任理事、日本開発工学会理事、日本建築積算協会理事、BIMライブラリ技術研究組合理事、国土交通省建築BIM推進会議建築BIM環境整備部会部会長、建設プロジェクト運営方式協議会普及啓発委員会委員長。一級建築士、1級施工管理技士、認定ファシリティマネジャー。

小菅 健　こすげ・けん

竹中工務店

2005年、東京大学大学院工学系研究科建築学専攻博士課程修了後、竹中工務店に入社。アセットバリュープロデュース本部PM/CMグループを経て、現在はワークプレイスプロデュース本部コンサルティング/CMグループに所属。事務所ビル新築・入居のプロジェクトマネジメントおよびオープンブック方式などの多様な発注方式にかかるプロジェクトスキーム構築を専門に担う。東京理科大学非常勤講師。認定コンストラクション・マネジャー、プロジェクトマネジメント・スペシャリスト。博士(工学)。

＊2022年6月現在

現代の建築プロジェクト・マネジメント
複雑化する課題を読み解く

2022 年 7 月 30 日　第 1 版 発　行

編　者	建設プロジェクト運営方式協議会(CPDS)
著　者	志 手 一 哉・小 菅　健
発行者	下　出　雅　徳
発行所	株式会社 彰 国 社

162-0067 東京都新宿区富久町 8-21
電話　03-3359-3231 （大代表）
振替口座　00160-2-173401

著作権者と
の協定によ
り検印省略

自然科学書協会会員
工学書協会会員

Printed in Japan

Ⓒ 建設プロジェクト運営方式協議会(CPDS)(代表)　2022 年　　印刷：壮光舎印刷　製本：中尾製本

ISBN978-4-395-32180-3　C3052　　　https://www.shokokusha.co.jp